JN289430

不滅の意識
ラマナ・マハルシとの会話

Conscious Immortality
Conversations with Sri Ramana Maharshi

【記録】
ポール・ブラントン
ムナガラ・ヴェンカタラミア

●

【翻訳】
柳田 侃

Conscious Immortality
Conversations with Sri Ramana Maharshi
by Paul Brunton and Munagala Venkataramaiah

Published by V.S.Ramanan
President of the Board of Trustees
Copyright © by Sri Ramanasramam,
Tiruvannamalai
Tamil Nadu 606603 India

Japanese translation rights arranged
directly with Sri V.S.Ramanan

Photo copyright © Sri Ramanasrama

不滅の意識
ラマナ・マハルシとの会話

目次
CONTENTS

Conscious Immortality
Conversations with Sri Ramana Maharshi

CONTENTS

第2版への覚え書

一九三〇年代にシュリー・ラマナアシュラマムを訪問中のポール・ブラントンとスワミ・ラマナーナンダ・サラスワティ（当時はムナガラ・ヴェンカタラミア）は、マハルシと訪問者たちとの会話を書き留めていた。彼らの意図は、共同で書物を作ることにあったが、それは実現されなかった。一九八四年、ブラントンの息子ケネス・サーストン・ハーストが父親のノートをアーシュラムに寄贈し、それはほぼそのままで出版された。しかしその版は、締切期限に迫られて印刷されたという事情から、受け入れ難いほど多くの誤りを含んでいた。

この新しい版の出版にあたって、われわれは幾分とりとめのない草稿の書式を放棄し、より体系的な構成をもたせることにした。われわれは、ブラントン自身がその草稿の中で、「私の文章は、期待されたようなまとまったものとして書かれていないことがしばしばあった。末尾にあるいは中間にあるべき段落や文が、前の方に来ていることもたびたびであった」と認めていることに勇気づけられた。その上、原稿は未完成であるように思われた。われわれは原稿を読者により理解しやすくし、原文の筋道をはっきりさせようとした。こうして、原稿はさまざまな見出しのもとに主題別に再配置され、サンスクリット語の用語解説が付けられ、また他の著作や著者への参照を明らかにする脚注が付け加えられた。空白あるいは資料の欠落が見られるところでは、できる限りそれらを他の典拠と照合し、適宜修正した。

この書物は、マハルシの教えの包括的な解説ではないし、またマハルシの日々の生活や会話の記録ではない*。むしろ、それは二人の帰依者による限られた期間における追憶と記録に基づいたトピックスの概説である。本文の若干の部分は、アーシュラムの他の出版物に掲載されているが、われわれはここに見られるような、教えの率直さと明快さに感動して、このような形で出版することにした。

意味内容の正確さをそのままに保持しながらも、言葉遣いはいっそう読みやすくするために適正なものに改められた。正確さを期するため、マハルシが異なった人々から同じ質問を受けた場合には、われわれは質問とマハルシの答えを繰り返して記し、それらの質問をひとまとめにして分類した。そこで、読者は質問した人に応じてマハルシの答えがいかに異なっているかを理解することができる。彼自身が言っているように、「それぞれの質問は一定の立場から答えを求めているが、それらは同じことをたずねている」。この理由から、マハルシが異なった文脈で再三同じたとえや物語を用いたときには、これをまた繰り返して記述した。しかし、このマハルシの談話を収集した書物の出版にあたって、われわれは、このやり方が示すかもしれない彼が多弁であったかのような印象を与えたくはなかった。ブラントンが十分注意を払ったように、マハルシの主たる教えは沈黙の中にあった。「私はこの賢者との会話の速記メモを作ったし、彼の話したことの記録を印刷さえしたかもしれないが、しかし彼の発言のもっとも重要な部分、彼から発せられる霊性の微細で静かな味わいは決して記録することはできない」。他のところでは「(マハルシの)沈黙と遠慮は習慣的なものであり、人は容易に、彼が一日の中に用いた言葉の数を数えることができる」と述べている。読者は、マハルシがこの一連のテキストが示すようなことを声高にしゃべったと信ずるような誤解をしてはならない。むしろ基調となったのは沈黙であった。

終わりに、以前の版では掲載されなかった二つの章がここには含まれている。それは、①他の教師についての質問へのマハルシの答えをまとめたもの、②一人の法律家による反対尋問の記録である。これらはこの書物の末尾に付録として収録されている。

われわれはこの書物の編集を援助してくれたアリソン・ウィリアムズとクリストファー・バージスに感謝する。

出版者

＊訳注　このため読者は"Talks with Sri Ramana Maharshi" by Munagala Venkataramiah、"Day by Day with Bhagavan" by A. Devaraja Mudaliar、"*Teachings of Bhagavan Sri Ramana Maharshi in his own words*" by Arthur Osborne を参照することができる。

ラマナ・マハルシについて――日本語版への付記

ラマナ・マハルシは近現代インドの生んだ偉大な聖者であり、傑出したヒンドゥ教の神秘思想家であった。

一八七九年、南インド・タミルナードゥ州・マドライに近いティルチュリという小村で中流バラモンの家庭に生まれたが、マドライのアメリカン・ミッション・ハイスクールの生徒であった十七歳のとき、ある日突然、死の体験をし、「肉体は死ぬが魂は不滅である」ことを悟った。この根本体験の後、ラマナは世俗の生活――学業と家族を捨て、シヴァ大寺院のある南インドの巡礼地ティルヴァンナマライへ行き、「シヴァそれ自身」と言われるアルナーチャラの丘の麓に住み、生涯そこを離れることはなかった。

はじめは大寺院の周辺を点々として沈黙の中で実在の至福に浸っていたが、三年後、丘の中腹にある洞窟に住み、次第

に集まってくる弟子たちの求めに応じて、彼の体験に基づく教えを説きはじめた。十六年間この洞窟にとどまり、弟子の持参した多くのサンスクリット語の聖典をタミル語に翻訳し、また求めに応じて、ときには自発的にタミル語の詩を創った。その後、弟子の建てた丘の中腹の小さなアーシュラムに移り、母と弟も修行者に加わった。六年後母が病没して丘の麓に埋葬されたが、まもなくラマナも丘を下り、母の墓所の周りにアーシュラムを設け、七十歳で没するまで、インド国内や外国から訪れる多くの人びとに口頭であるいは沈黙によって教えを授けた。

一九五〇年、マハー・ニルヴァーナ（入寂）の瞬間、明るい星の形をした光が南東の空に現われ、壮大に弧を描いてアルナーチャラの丘の頂きに溶けこんでいくのを多くの人が遠くからも見たと言われている。

（柳田　侃）

Mount Arunachala

第1章

毎日の生活

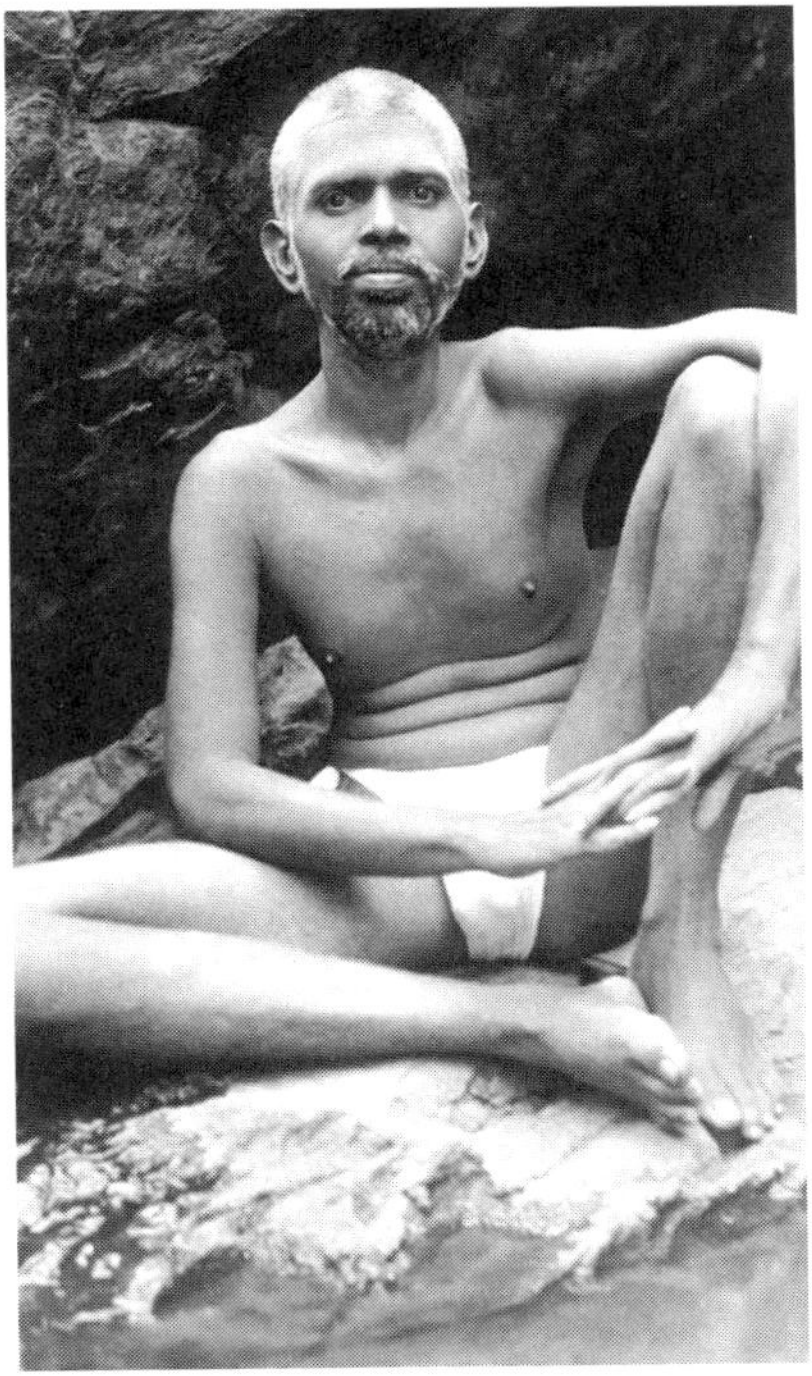

あなたのすべての幸福は、たとえそれがどんなものであれ、その原因はあなた自身であり、外部の物事ではない。何か外部にあるものがあなたの幸福をもたらしたと思うことがあっても、それはあなたの思い違いなのである。実際に起こったことは、無意識のうちに物事があなたをちょっとのあなたの真我のところに連れ戻し、幸福を借り受け、あなたにそれをプレゼントした、ということなのだ。幸福は一つの影としてあなたのところにやってきたのである。なぜその原因、真我を見て、それを理解しないのか。

一般的な質問

質問者　霊的修練の第一段階は何ですか。

マハルシ　はじめに、人びとは自分とは身体ではないということを知らされねばなりません。なぜならば、彼らは身体およびその他すべてのものであるのに、彼らはもっぱら自分とは身体である、と思っているからです。身体は一つの部分にすぎません。求道者はこのことをしっかりと知るべきです。彼はまずはじめにジャダ（jada　知覚力のないもの）からチット*（chit　知覚力のあるもの）を識別し、もっぱらチットでなければなりません。あとで彼に、ジャダはチット以外の何ものでもないことを理解させなさい。これが識別ということです。最初のヴィヴェーカ（viveka　識別）が最後まで持続されねばならず、その結果がモークシャ（moksya　解脱）です。

質問者　現行の（霊的修練の中で）もっともよい方法は何ですか。

マハルシ　それは人がジニャーニ（jnani　真我を実現した人）であるか否かによって異なります。ジニャーニは真我とは異なった、あるいはそれとは別のものは何も知ろうとはしません。すべてのものは真我の中にあります。宇宙や超越的なものは真我の中に見いだされるべきものです。世界観は人の見解によって異なります。

＊訳注　チットとは、巻末の用語解説によれば本当の真我の性質をもつ純粋意識である。

質問者　われわれが世俗の仕事に従事しているとき、モウナ（mowna　沈黙を守ること）はどのようにすれば可能ですか。

マハルシ　婦人たちが水がめを頭上にのせて歩くとき、彼女らは常時頭の上の水がこぼれないように注意しながら、同僚と話をすることができます。それと同じように、賢者は活動に従事していても、その活動によって妨げられることはありません。彼の心はブラフマンにとどまっていられるからです。

困難は、人びとが自分たちが行為者であると思うこと——それは思い違いなのですが——にあります。すべてのことを行なうのは、より高次の力であり、人びとは道具にすぎないのです。もし人びとがその立場を受け入れるならば、彼らは災難からまぬがれるでしょう。さもないと彼らは災難を自ら招くことになります。結果を期待しないであなたの仕事をしなさい。それがあなたのなすべきことのすべてです。

質問者　ありのままの真理を理解しようとしない若者には、どんな教えが向いていますか。

マハルシ　適切な方法をとれば彼らの注意を真理にひきつけることができるでしょう。

質問者　なぜ世界は無知の中にあるのですか。

マハルシ　世界はそれ自身で世話をさせなさい。もしあなたが身体であるならば、そのとき粗大な世界が現われるでしょう。もしあなたが霊魂であるならば、すべてのものはまさに霊魂なのです。エゴを探し求めなさい、そうすればそれは消えてしまいます。もしあなたが探求すれば、無知というものは存在しないことがわかるでしょう。悲惨や暗愚を感じているのは心なのです。真我を知りなさい。

質問者　もし人がつねに真我を忘れずにいるならば、人の行為はつねに正しいのでしょうか。

マハルシ　そうあるはずですが、そのような人物は、行為が正しいか誤っているかについて気にすることはありません。彼の行為は神そのものであり、それゆえに正しいのです。

質問者　東洋と西洋がより親密になることは有益でしょうか。

マハルシ　そのようなことは自動的に生じるでしょう。諸国民の運命を導いている力があります。これらの質問は、あなたが実在との接触を失ったときにのみ生じます。

質問者　西洋人にとって、内部に引きこもることは、より難しいことなのでしょうか。

マハルシ　そうです。彼らはラジャシック*（rajasic　活動的で落ち着かない）で、そのエネルギーを

*訳注　ラジャス（rajas）とは、サットヴァ（sattva）、タマス（tamas）とともにものの本来の三つの性質あるいは要素の一つ。

外部に向けようとします。私たちは、真我を忘れることなく内部で静かにしていなくてはなりません。そうすれば外部で活動を続けることができます。舞台の上で女性の役を演じている男が、自分が男であることを忘れるでしょうか。同様に、私たちは人生の舞台の上での役割を演じなければなりませんが、私たち自身をその役割と同一視しないようにしなさい。

西洋においては、物質主義的な生活にうんざりしている人びとだけが、進路を向け変えるでしょう。

質問者　西洋と東洋の違いは何でしょうか。

マハルシ　すべては同じ目標に到達しなければなりません。

質問者　私は罪深い人間です。

マハルシ　なぜあなた自身をそんなふうに考えるのですか。あなたは、あなたの信仰する神に対して、本当にすべての責任を投げ渡したのですから、神がその面倒を見てくれるでしょう。

何人かの帰依者が来て他人の行状について不平を言った。

マハルシ　あなたがたは他の人の行状を改めさせるためにやってきたのですか。それとも自分の行状を改めるためにやってきたのですか。

質問者　この清らかな雰囲気の中では修行するのは容易ですが、街の中では困難です。

マハルシ　あなたが本当の真我を見ているとき、それは清らかな雰囲気ではないのですか。あなたの肉体が考えることを欲しているのなら、そうさせておきなさい。しかし、どうしてあなたはそう考えねばならないのですか。何か他の活動に従事しないでもっぱら静けさを保ちつづけることができれば、それは非常によいことです、もしそれが不可能であれば、静かにしていることは何の役に立つのでしょうか。たとえあなたが活動せざるをえないとしても、真我を実現する試みを放棄しないようにしなさい。

質問者　私はカイラース*へ行きたいのですが。

マハルシ　人は他の方法ではなく、運命づけられているときにのみ、これらの場所を見ることができます。しかしすべてのものを見たあとでさえ、なお訪れるべき場所があるでしょう。たとえこの半球になく他のそれにあるとしても。知識は知られたもの、知られていないものについての無知を含んでいて、つねに限定されたものです。

＊訳注　ヒマラヤの聖なる山。シヴァ神が住むと言われている。

質問者　ヴィチャーラ（vichara　探求）のためには孤独が必要ですか。

マハルシ　孤独はどこにでもあります。個人はつねに孤独です。われわれのなすべきことは、それを自己自身の内部に見いだすべきで、外部に探し求めるべきではありません。

孤独は心の中にあります。ある人は世俗世界の中にいてもなお、彼が孤独の中にいるような平静を保っているかもしれない。他の人は遠く離れた森の中にいてもなお、心を制御することができず、孤独の中にいると言うことができないかもしれない。欲望に執着している人びとは、どこにいても孤独を達成することができないし、一方とらわれのない人びとは、たとえ彼らが仕事に従事していても、つねに孤独です。仕事は執着を伴ってなされるとき、それは束縛です。孤独は森の中でだけ見いだされるべきではなく、世俗の職業の真っただ中にあっても得ることができます。

他の人を助けること

人類を救済するすべての目標、熱望、願望と世界を改革する計画を、この宇宙を維持して

いる万能の力（Universal power）の役割にゆだねなさい。かれは愚かではない。かれは必要なことをする。「私がこれを行なっている」という感覚をなくしなさい。エゴイズムを取り除きなさい。あなたが何らかの改革をもたらす人である、という考えをなくしなさい。これらの目的を放っておいて、それらを神にゆだねなさい。そうすれば、エゴイズムを取り除くことによって、神がそれらのことを生じさせるための道具としてあなたを使うだろう。相違は、あなたがそれらのことをしていると意識しないということ、無限なるもの（神）があなたを通じて仕事をされており、仕事を傷つける自己崇拝がなくなるであろうということである。さもないと、名や名声への欲望が生じ、人は、人類よりもむしろ本人自身に仕えることになる。

人びとがサタン（Satan）、デヴィル（Devil）、あるいは黒い勢力と呼ぶものは、本当の真我についてただ無知であるにすぎない。ほとんどすべての人間は、本当の真我を知らないから、多かれ少なかれ不幸である。真の幸福は、真我の知識の中にのみとどまっていることである。人の真我を知れば、いつもこの上なく幸せでいることができる。

質問者　私の友人は、彼自身の利益さえ犠牲にして社会奉仕の仕事に熱中しています。

マハルシ　彼の利己心のない仕事は有用です。その有用性は否定することができません。どのように彼がその仕事を続けたか、またどのようにあなたが彼にこの会話からの抜粋を送ったかを確かめなさい。二つの間には一つの関連があります。仕事が彼の心を浄化し、そのため彼は賢者の知恵への洞察力をかなり素直に獲得しました。社会奉仕は霊的向上の計画の中に一つの地位を占めています。その仕事は社会的であり、利己的なものではありません。神ははじめからずっと目を離さず見ています。その公的な利益がその人自身の利益とみなされています。そのような身心の活動は心を浄化します。ですから適切な社会奉仕は、心をより清浄にする一つの方法なのです。

質問者　しかし、社会奉仕はわれわれに瞑想のための余暇を与えません！

マハルシ　もちろん、人の努力は社会奉仕で終えることはできません。つねに最高の真理を視野に入れておくべきです。すべてのことは適切なときに起こるでしょう。

質問者　われわれはどのようにして他の人びとの霊的な怠惰を取り除くことができるでしょうか。

マハルシ　あなたはあなた自身の霊的怠惰を取り除いたのですか。あなたの探求を真我を探す方向に向け変えなさい。そうすれば、あなた自身の内部に備わった力が他の人びとにも影響するでしょう。

質問者　P.B.(注)の「霊感による行為」という考え方についてどうお考えですか。

マハルシ　活動を続けなさい。それが純粋な真我に影響を与えることはありません。人びとが自分は行為者である、と考えることが問題です。これが誤りなのです。すべてのことを行なうのはより高次の力であり、人びとは道具にすぎません。もし彼らがその立場を認めるなら災難をまぬがれるでしょう。さもなければ災難を招くことになります。寺院の塔（門）の上の彫像は、その塔に大きな負担をかけているように見えますが、実際にはその塔は土地の上に立っているのであり、土地が像を支えているのです。その像は塔の一部ですが、それはあたかも塔の重量を支えているかのように見られます。それはおかしくありませんか。それは自分が行為しているという意識をもっている人と同じようです。

質問者　社会改革についてあなたはどんな意見をお持ちですか。

マハルシ　自己の改革が、自動的に社会改革をもたらします。自己改革にあなた自身を閉じこめておきなさい。社会改革は社会それ自身がするでしょう。

ある人が、『ギーター』はカルマ・ヨーガ（karma yoga　行為のヨーガ）を説いている。なぜならそれは、人は利己的でない動機によって行為すべきであると教えているのだから、と解説した。

（注）P.B. とはポール・ブラントンのニックネーム。

マハルシ　いいえ。これはエゴの錯覚、すなわちジニャーナ（jnana　真我についての知識）を知った後にはじめて成し遂げることができます。それゆえ、それは実は最高のものであるジニャーナ・ヨーガ（jnana yoga　知識のヨーガ）を教えたのです。われわれを通して宇宙に行為をさせることによってわれわれは行為すべきである、ということです。

質問者　私は医者です。どうすれば私は人びとをもっともよく癒すことができますか。

マハルシ　恒久的な癒しはジニャーナです。患者は自分自身のためにそれを理解せねばなりません。それは彼らの成熟度に依存しています。さもなければ、一つの病気が他の病気になって現われてくるでしょう。

一人の若者がやってきて、世俗世界の物質主義を根絶する力を与えてほしいと要求した。

マハルシ　自分自身にその力がない人びとは、人間の幸福に役立つ神から授けられた力を求めます。これは、「もし足に助力を与えてくれさえすれば、敵に打ち勝つだろう」という足の不自由な人のようです。意図は善いのですが、バランス感覚がないのです。

質問者　私はどのようにして他の人を助けることができますか。

マハルシ　あなたにとって助けるべきどんな人がいるのですか。他の人を助けようとしているその「私」は誰ですか。まずその点を解明しなさい、そうすればすべてのことはそれ自身で解決するでしょう。

質問者　西欧の人びとには、賢者たちが孤独の中にいながら、どのように（社会に）役に立っているかを理解できません。

マハルシ　ヨーロッパ人とかアメリカ人とかいうことを気にする必要はありません。あなたの心の中以外のどこに、彼らは存在するのですか。あなたが夢から覚めたとき、あなたは、自らの夢の中の創造物である人びともまた目が覚めているかどうかを確かめようとするのではありませんか。

◆　◆　◆

他の人びとに対する深い愛情をもちなさい。しかしそれは内密にしておきなさい。それを見せびらかしたり、それについてしゃべったりしないようにしなさい。もしあなたの欲望が満たされても、得意になってはいけませんし、もしあなたが欲求不満であってもがっかりしてはいけません。大得意は人を迷わすものかもしれません。それは抑制されねばなりません。というのは、はじめの喜びは終わり、最後には悲しみになるかもしれませんから。結局、何が起ころうとも、あなたはそれに影響されることなく、あるがままのあなたとしてとどまっているのです。

質問者　しかし、私は他人の抱えている問題にどのように助力を与えることができるのでしょうか。

マハルシ　他人の何について話しているのですか。あるのは一つのことだけです。私、あなた、彼はなく、一つの真我だけがすべてであることを理解するようにしなさい。もしあなたが、他人に問題があると信じているなら、あなたは真我の外にある何かの存在を信じているのです。あなたは外部の活動によってではなく、むしろ、すべてである一つのもの「真我」を理解することによって、彼を助けるでしょう。

食事に関すること

質問者　身体は真我にとって何か価値をもっていますか。

マハルシ　はい、真我が実現されるのは、身体の助けを通じてです。

質問者　食事制限についてはどうですか。

マハルシ　食物は心に影響を与えます。正しい食物は心をいっそうサトヴィック（sattvic　サットヴァの性質をもつ）にします。なんらかのヨーガの実習には、菜食（主義）が絶対に必要です。

質問者　菜食に慣れていない人びとについてはどうですか。

マハルシ　習慣は環境への適応にすぎません。問題なのは心です。心が、ある食物がおいしいと思うように訓練されてきたというのが事実です。肉よりも野菜から栄養がとれるかもしれません。しかし、真我を実現した人の心は、食べたものに影響を受けることはありません。ですが、徐々に菜食（主義）に慣れるようにしなさい。

質問者　しかし、もしそれが不殺生の問題だとすれば、植物さえ生命をもっています。

マハルシ　それではあなたが坐っているタイルもそうです！

質問者　人はもし肉を食べている間にも、霊的なイルミネーション（啓示）を受けることができますか。

マハルシ　できます。しかし徐々にその習慣を捨て、サトヴィックな食物に慣れるようにしなさい。いったんあなたがイルミネーションを達成したら、食べるものの影響はより少なくなるでしょう。ちょうど大きな火にとって、どんな燃料が加えられるかは重要な意味をもたないように。

一人の帰依者が一日にごく軽い食事を一回しかとらない、厳格な節制を行なっていた。マハルシは朝食時に「なぜあなたはコーヒーもやめないのですか」と意見を述べた。その含意は、食事制限に過度の重要性を置くことをとがめようとしたのであった。

質問者　あなたは肉やアルコールをやめることを勧められるのですか。

マハルシ　そうです。そうすることが最初は有用な助けになるのです。それらのものをやめることが難しいのは、本当に必要であるからではなく、それらのものを摂ることが習慣になっているからです。心が真我の実現の内に堅固なものになるまでは、心にとどめるべき映像や観念をもたねばなりません。さもないと、瞑想は急速に眠りと（さまよえる）想念に、道を譲ってしまうでしょう。すべての食物には微細なエキスがあります。心に影響を与えるのはこれです。そこで真我を見いだそうとして瞑想を実習している人にとっては、それに従うことが望ましい食事規則が作られています。サトヴィックな食物は瞑想を助長しますが、肉のようなラジャシックな食物やタマシックな（tamasic　不活発な、惰性的な）食物はそれを妨げます。

質問者　あなたはミルクを摂るのに、なぜ卵は摂らないのですか。

マハルシ　家畜として飼われている牛は、子牛が必要とする以上のミルクを生みだし、それをしぼってもらうことで喜ぶのです。卵には潜在的な生命が宿っています。

質問者　私は一日に三度、あるいは四度食事をし、身体が重圧を感ずるほど多くの身体的欲求に注意を向けています。身体から離れて身体的欲求の災難から解放された状態はあるのでしょうか。

マハルシ　有害なのは執着です。行為それ自体が悪いわけではありません。一日に三度あるいは四度食べることには害はありませんが、「私はこの種の食物がほしい、あの種の食物はほしくない」などと言わないようにしなさい。それだけでなく、あなたは睡眠中の十二時間は食べないでいるのに、目覚めた状態の十二時間にこれらの食事を摂るのです。睡眠はあなたに解脱をもたらすのですか。たんなる不活動が人を解脱に導くと思うのは誤りです。

質問者　喫煙を続けることは無害ですか。

マハルシ　いいえ、煙草は毒です。それなしですますことは、よりよいことです。煙草はたんに一時的に刺激を与えるにすぎず、さらなる渇望が、必ずもたらされます。それはまた、瞑想の修練にとってもよくありません。

質問者　あなたは夢精の経験がありますか。

マハルシ　はい。それは食物に原因があります。

質問者　断食によって性欲をなくすことができますか。

マハルシ　できます。しかしそれは一時的なものです。心を堅固にすることが実際的な助けです。断食はそれ自体が目的ではありません。それとともに霊的な開発がなされねばなりません。完全な断食は心をあまりにも弱くしますし、霊的な探求のための力を引き出すことができません。もしそれが霊的な利益をもたらすものならば、霊的探求は断食中ずっと続けなければなりません。

質問者　瞑想を助長するドラッグがあるでしょうか。

マハルシ　ありません。ドラッグを使った人は、それを常習的に用いないと瞑想ができなくなるからです。

アヘンやアルコールを摂る人びとは、無意識に本当の真我のこの上なく幸福な、想念のない境地を探し求めているのです。彼らはドラッグによってそうした至福の暗示を得るのですが、しかし後には普通の状態に戻らねばならず、渇望はさらに強くさえなり、ついには慢性的常用者、その物質の奴隷になります。そのような人工的な興奮によって没落していきます。もし心が抑制されるなら、すべてのことは克服されます。

動物について

マハルシの動物への心遣いは有名である。サソリに刺された後、彼は次のように応えた。

私は気づかずにサソリを踏み、傷つけてしまいました。そこでサソリはお返しとして、自分の存在を私に気づかせるために私を刺したのです。

◆　◆　◆

動物は人間と同様に考えることができます。われわれは、彼らが無感覚なやつだと思ってはなりません。人びとと接触してきた若干の動物は、言葉と会話を理解することができます。**（マハルシは一頭の雌牛を指さし、雌牛は利口にものを考えることができると言った。）**

ある夜、眠っていた蛇がアーシュラムのホールの屋根から落ちてきた。マハルシは人びとに指示してランタンを持ってこさせ、ドアへの通路を照らし、彼らに蛇を傷つけないように言った。その場所に住みついている蛇について、彼は次のように言った。「われわれはゲストとして彼らの住みかにやってきたのだから、害を与える権利はない。静かにしておいてあげなさい」。

◆
◆
◆

ブラフマチャーリアと性の問題

質問者　欲情とは何ですか。

マハルシ　それは瞑想の中で使われるのと同じ力ですが、他の回路に流れを変えられています。

ある帰依者の結婚のニュースがマハルシに伝えられた。

質問者　なぜ彼は結婚したのでしょう。まさか後戻りしたのではないでしょうね。

マハルシ（笑いながら）　なぜ結婚が霊的進歩を妨げると決めつけるのですか。もし身体的な必要――空腹、のどの渇き、排泄のような――が満足させられなければ、瞑想は進歩することができません。ヴィチャーラ、つまり瞑想の成果は、集中、情欲の制御、世俗の目的や価値への無関心、すべてのものへの平等を育てる意志の力なのです。

質問者　ブラフマチャーリア（brahmacharya）は必要ないのですか。

マハルシ　ブラフマチャーリアは「ブラフマンの中に生きる」ことを意味します。それは一般に理解されているような禁欲（独身）生活と関係ありません。本当のブラフマチャーリ（brahmachari　ブラフマチャーリアの生活を送る人）はブラフマン――真我と同じもの――の中に至福を見いだします。

質問者　しかし禁欲（独身）生活は、ヨーガのための必要条件ではありませんか。

マハルシ　はい、そのとおりです。それは真我の実現のための多くの助力の一つです。

質問者　ブラフマチャーリアは必要不可欠なものではないのですか。結婚している人は、真我を実現できますか。

マハルシ　もちろんです。結婚していても結婚していなくても、人は真我を実現できます。なぜならそれは今、ここにあるのですから。それは心の適合性の問題です。真我を実現しているにもかかわらず、配偶者や家族と暮らしている人びとが、かつていなかったでしょうか。

質問者　救済に到達するためには、結婚しているのと独身でいるのとどちらがよいでしょうか。

マハルシ　あなたが考えることはどちらでもよいのです。違いはありません。諸々の思念がやみ、理性は消滅しなければなりません。感じること（feeling）が瞑想におけるもっとも重要な要因であって、理性ではありません。それは胸の右側に感じるべきものであり、頭にではありません。なぜならハートはそこにあるからです。それはしっかりと保ちつづけられねばなりません。

質問者　結婚は霊的進歩の障害ですか。

マハルシ　家住者*の生活は障害ではありません。しかし家住者は、自己抑制の修練に全力を尽くさねばなりません。もし人が（霊的に）高度な生活への強い欲望をもつならば、性の欲望は消えていくでしょう。心が破壊されたとき、他の欲望も破壊されます。

質問者　どのようにすればわれわれは、性的な考えを根絶できますか。

マハルシ　身体についての誤った観念を根絶することによって、真我であることです。真我には性欲はありません。本当の真我でありなさい。そうすれば性欲によって悩まされることはないでしょう。

質問者　あなたは性欲の抑制を良いと考えていますか。

マハルシ　真のブラフマチャーリはブラフマンの中に住まう人です。その場合には、欲望の問題はもはや存在しないでしょう。

質問者　シュリー・オーロビンド・アーシュラムでは、結婚しているカップルは、性交を慎むという条件のもとで生活が許されるという厳格な規則があります。

マハルシ　それが何の役に立つのですか。もし欲望が心の中にあるならば、禁欲を人びとに強制するのに何の役に立つのですか。

質問者　避妊を活用すると不道徳になるでしょうか。

＊訳注　家庭をもつ人の生活。ヒンドゥ教では人生を学生期、家住期、林住期、遊行期という「四住期」に分けて考える。

マハルシ　物事の根源を理解しなければなりません。生誕とその抑制の真の原因を発見しなさい。生誕をそれ自身で制御させなさい。この生誕は誰のためのものですか。それについて述べている古い時代の頌《じゅ》があります。「欲情は食物を与えられることによって、ますます増進し、いっそう激しく燃え上がります。そこでその内部の原因を抑制し、欲情を制止して精神的になるのが、唯一の効果的な制御です」。

質問者　禁欲が家族の数を抑制する唯一の方法ですか。

マハルシ　そうです。他の方法は、その場しのぎにすぎず、対症療法にすぎません。

質問者　ある人は子どもを選ぶべきであり、他の人は性的調和を選ぶべきであるというような、性欲についての衝突がどこで起こるのですか。

マハルシ　あなたがもしそれらのうちの一つに我慢できるならば、どうしてそれらの双方に我慢できないのですか。なぜあなたは自然の法則に干渉しようとするのですか。自然の法則を作った人にその働きを任せておきなさい。性的刺激はすでに十分に強いのです。なぜそれをいっそう強くするのですか。もしあなたが自然における真理を理解するならば、性的欲望はまったく起こらないでしょう。もしあなたが相違の感覚を取り除くならば、性にその力を与えているものもまた取り除かれるでしょう。

自然は若干の人びとを不妊にし、あるいはその他の人びとから子どもを奪い取ります。しかし他の人びとには多くの子どもを与えます。このように、もしあなたが生誕を制御しようとするならば、同じように死をも制御しなさい。

（笑って）もしわれわれがすべての人を子供としてとどめておき、まったく成長させないならば、なんと幸福な世界になるだろうか！

サンニャーサ（放棄）

サンニャーサ（sannyasa）はエゴを放棄することである。たとえ人が家住者として家族社会の中で生きていたとしても、もし彼が放棄していたならば、世界のさまざまな出来事は彼に影響を与えることはないだろう。そのようなわけで夢の経験はわれわれに現実に影響することはない。静かにベッドに横たわっているとき、一人の男は水の中にいる夢を見ているが、彼のベッドは実際には濡れていないのである。他方、サンニャーサ・アーシュラマ（出家遊行期）にある人も、いまだ身体に愛着をもっている人は、カルミ（karmi　行為者。放棄者ではない）なのだ。

なにびとも自分がサンニャーシン（sannyasin　放棄者）だと思っている限り、彼は真のサンニャーシンではない。人は世界という幻影を重視しないでいる限り、彼は世俗の人ではなく、真のサンニャーシンである。患者は病気を治すよう医師によって処方された薬を自分で飲まなければならない。そのように、グルもまた道を指示してくれるが、求道者が自分自身でそれに従わねばならないのだ。

放棄はどこにあるのか。それはわれわれの外にではなく、ここ（ハートを指して）にあるのだ。孤独はどこにあるのか。それは心の中にある。アレキサンダー・セルカーク*は島に一人でいたが、彼は逃げだそうと欲していた。そのため彼は孤独ではなかった。われわれはこれらのことを自分自身の内部で成し遂げなければならない。天の王国は、われわれの内部に見いだすべきものなのだ。

質問者　放棄とはなんですか。

マハルシ　エゴを放棄することです。

質問者　それは所有物を放棄することではないのですか。

マハルシ　所有者も同時にです。

質問者　家住者はどのようにしてその道を行けばいいのでしょうか。

マハルシ　なぜあなたは自分を家住者だと思うのですか。もしあなたがサンニャーシンとして家を出て行っても、あなたがサンニャーシンであるという同様の思いが脳裏を離れないでしょう。家にいようと森にいようと、あなたの心はあなたにつきまとうのです。エゴが思いの源なのです。それが身体と世界をつくり出し、あなたにあなたが家住者であると思わせるのです。もしあなたが世界を放棄するならば、それは"サンニャーシ"という思いが家住者という思いに、また森という環境が家という環境に代わるだけでしょう。心の障害物はあいかわらず存在しているでしょう。環境を変えることは助けにならないでしょう。なぜなら、二つの場所のいずれにおいても、心が克服されなければならないからです。あなたが森の中でそれができるならば、どうして家の中でそれができないのですか。どんな環境にあっても、あなたは今努力をすることができます。環境があなたから離れていくことはあり

＊訳注　アレキサンダー・セルカーク（一六七六―一七二一）は自ら望んで太平洋の無人島の浜辺に置き去りにされた。デフォーの物語『ロビンソン・クルーソー』の着想の元となった。

ません。私をご覧なさい。私は家を捨ててきました。あなた自身をご覧なさい。あなたは家という環境を捨ててここへ来ました。あなたは今なにを見いだしましたか。それはあなたの家と異なっていますか。それがサハジャ・サマーディ*（sahaja samadhi）を強調する理由です。人は今の環境のさなかにあっても自然発生的なサマーディ（samadhi　真我への吸収）、すなわちその人の原初の状態にあるべきです。

質問者　あなたは人びとに対して放棄すべきであるとは言いませんが、なぜ青年期に家から逃げだしたのですか。

マハルシ　ある力が私を連れ去ったのです。仕事を放棄することではないでしょう。一人の人が、世界が存在しなくなったことを悟ったときにのみ生じたことなのです。それはわれわれが仕事を放棄すべきである、ということを意味するものではありません。

質問者　私は妻や家族から逃れるべきなのでしょうか。

マハルシ　彼らが何か害を与えることをしているのですか。あなたが何ものであるか、をまず見きわめなさい。

質問者　それらすべてがサムサーラ（samsara　真我の実現によってのみ断ち切られる生死の果てしない連鎖）である家や財産を放棄すべきではない、と言われるのですか。

マハルシ　まずサムサーラとは何かを学びなさい。そのサムサーラがすべてなのですか。家や妻や財産をもって暮らしている人びとは、真我の実現を得ることができないことを意味するのですか。

◆　◆　◆

あなたは何ですか。あなたは身体ですか。いいえ、あなたは純粋意識です。引退（隠遁）は自己の中に住まうことを意味し、それ以外の何ものでもありません。それは一つの固定された環境から離れて他の環境の中に巻きこまれるようになることではなく、具体的な世界から離れて心の世界の中に安住することでさえもありません。一人の息子の誕生、その死などは、また真我の中にあります。互換性（二つのうちどちらを選ぶか）という問題は生じません。

＊訳注　第4章　サマーディ　参照。

道における諸困難

質問者　渇望や怒りをどのように制御することができますか。

マハルシ　このような激情は誰のものですか。それを見きわめなさい。もしあなたが真我の中にとどまっているなら、それから離れたものは何もないことを見いだすでしょう。そうすれば、制御の必要はなくなるでしょう。

質問者　私は性的な過ちを犯してしまいました。

マハルシ　たとえあなたが過ち犯したとしても、後であなたが過ちを犯したと考えない限り、それは問題ではありません。真我は何も罪に気づいておらず、また性欲の放棄は内的なものであって、たんに身体のものではありません。

質問者　私は不貞を犯そうとしました。

マハルシ　あなたの妻を持ちつづける方がよいでしょう。

質問者　私は若い隣人の胸を見て夢中になり、しばしば彼女と不貞を犯す誘惑にかられています。私はどうすべきでしょうか。

マハルシ　あなたはいつも純潔です。それがあなたの意識であり、あなたを誘惑しあなたが本当の真我と混同しているのは、あなたの身体です。だからまず、誰が誘惑されているのか、誰がそこで誘惑しようとしているのかを知りなさい。しかし、たとえあなたが不貞を犯してもあとでそれについて考えてはいけません。なぜならあなたはそれ自身ではつねに純潔なのですから。あなたは罪人ではありません。

質問者　どのようにしたらわれわれは霊的生活と世俗の生活を同時に行なうことができますか。

マハルシ　ただ一つの経験があるだけです。偽りの「私」の上に築き上げたものを除いて、どんな世俗の経験があるのでしょう。

質問者　世俗的な生活はたいへん心を乱します。

マハルシ　心が乱されることを自分に許すべきではありません！　誰にとって心が乱されるのか見きわめなさい。少しの修練を積んだあとでは、それはあなたを悩ませることはないでしょう。

質問者　しかし、それを試みることさえ不可能です。

マハルシ　実行しなさい。そうすればあなたはそれがそれほど困難でないことがわかるでしょう。

質問者　それでは、私はいつも内部を見るべきだ、というのと同じです。

マハルシ　そのとおりです。

質問者　私は世界を少しも見るべきではないのでしょうか。

マハルシ　あなたは世界を見る目を閉じておくように指示されているのではありません。もしあなたが自分自身を身体であると考えるならば、世界は外部のものとして現われます。もしあなたが真我であるならば世界はブラフマンとして現われます。

質問者　歯痛についてどうお考えですか。

マハルシ　その痛みは心の中にあります。睡眠中に歯痛が起こりますか。そのときあなたは痛みを感じますか。いいえ。そして、真我の中にいるときあなたはいつも幸福です。

質問者　クリスチャン・サイエンス*のヒーリングも同じ原理に基づいています。

マハルシ　そうです。同様の結果は意志の力によってもまた達成されます。意志と真我は同じです。蚊や歯痛にかまわず、真我のことを思いなさい。それは強さを要求しますが、人は真我実現を得るための英雄でなければなりません。

質問者　世俗的な欲望を放棄する必要があるでしょうか。

マハルシ　なぜわれわれは欲望をもつのでしょうか。探求しなさい。もしあなたが自分の欲望の中に真の幸福を見いださないならば、あなたの心はそれに魅惑されることはないでしょう。しかし、潜在意識の傾向は、あなたをそこに誘うかもしれませんが、あなたは引き返すでしょう。

なぜあなたは自由な生活を欲するのですか。あなたがそれを切望するという事実が、あなたが束縛されていることを意味するのです。しかし実際は、あなたはつねに自由なのです。真我であることを知りなさい、そうすれば願望はひとりでに去っていくでしょう。すべての願望と想念を、内部の一点にもっていきなさい。それが真我実現です。心は静かにしておくべきです。蜜蜂は蜜を探し求めて花

＊訳注　クリスチャン・サイエンス（Christian Science）『科学と健康』（一八七五）の著者エディ（Mary Baker Eddy 一八二一—一九一〇）によって一八七九年に創立されたキリスト教の信仰治療主義の一派。その体系は唯心論的なもので、罪も病気も死も、すべての物質さえも人間の「不覚」による幻影であると考え、真実の信仰に目覚めればあらゆる病気は薬も手術もなしに治癒するという。

のまわりでやかましくぶんぶん音をたてます。蜂が蜜を発見すると、音はやみ静かになります。これが本当の蜜を切望して探しまわる人の魂というものです。

あるときマハルシは揺り椅子に腰かけているG氏に気づいた。

マハルシ　そのようなぜいたくをしている悩みの原因はいったい何でしょう。もし誰か他の人がそこに坐ったら、持ち主はそれによって不愉快になるのではないでしょうか。揺れ動くことはそんなに楽しいのですか。それはむだな楽しみの想念にすぎません！　シヴァはすべての所有物をヴィシュヌに与えて、森、墓地、荒野を放浪し、乞食《こつじき》によって食物を得て暮らしていました。彼の見解では、幸福の尺度において、無所有が所有よりもより高いのです。より大きい幸福は、心配事から解放されていることなのです。

質問者　私は帰依者に値しますか。

マハルシ　すべての人が帰依者であることができます。霊的な食物はすべての人にとって共通であり、決して誰かに否定されることはありません。

仕事

あなたはあなたの公共機関での仕事を続けることができるし、以前と同じように世俗での結婚生活を続けることができる。あなたはすべての役割を超えた役割を引き受けることができるのだ。ただし一つのことを忘れることのないように。どのようなことをするようになっても、つねにあなたの心をそれの上に保っておきなさい。

質問者　求道者はどのように仕事をすべきですか。

マハルシ　自分を行為者であると見なすことなしに。たとえば、あなたがパリにいたとき、あなたはここへ来るだろうということ、あるいはそうする意図をもっていることを知らなかったのです。あなた自身の意図にかかわらず、どのようにあなたが行為しているかをあなたは知っています。『バガヴァッド・ギーター』の第三章第四頌で、人は行為することなしにいることができないことが述べられています。人の生誕の目的は、あなたにその意志があろうとなかろうと自動的にかなえられるでしょう。

質問者　私のヨーガ修行に影響を与えるかもしれないので、私はビジネスに関心がありません。

マハルシ　そうではありません。『ギーター』（第二章）で述べられているように、あなたの観点は変わるでしょう。あなたはビジネスをただの夢という観点から見ているようですが、しかし、ビジネスはヨーガの修行に影響を与えることはないでしょう。というのは、あなたはそれを真面目なものとして精を出して続けていくでしょうから。

質問者　困難は、想念のない状態にありながら義務に精を出していくということにあります。

マハルシ　想念のない状態それ自身でありなさい。あなた自身に関係するものとしてそれを考えないでおきなさい。あなたが歩いているとき、あなたは何の気なしに歩を進めています。同じやり方であなたの他の行為をさせなさい。徐々に集中が楽しみになり容易になって、あなたがビジネスに精を出しているか、もっぱら瞑想のために坐っているかどうか、という状態になっていくでしょう。集中によって、あなたの心が安定し強くなったとき、ビジネスはあなたにとっていっそう容易なものとなるでしょう。

マハルシが丘を下りようとしたとき、何人かの掃除人が働いていた。彼らの一人が立ち止まってマハルシの前で平伏しようとした。マハルシは彼らに言った。

マハルシ　あなたがたの職務に従事することが本当のナマスカール（挨拶）なのです。各人の職務を注意深く遂行することが、神への最大の奉仕なのです。

質問者　仕事と瞑想をどのようにして両立させるのですか。

マハルシ　仕事をしているのは誰ですか。仕事をしている彼に質問させなさい。あなたはいつも真我であり、心ではありません。これらの質問を提出しているのは心です。仕事はつねに真我の面前で進められていきます。仕事は真我を実現するための障害ではありません。困難なのは仕事をする人の誤った同一視なのです。その誤った同一視を取り除きなさい。活動は毎日自動的に進められていきます。活動を促す心というのは真我に由来する幻影にすぎません。なぜあなたは活動していると思うのですか。活動はあなた自身ではありません。それは神のものです。

質問者　努力は心の空白をもたらし、仕事は不可能になると言われます。

マハルシ　まずその空白に到達し、それから私に話しなさい。

質問者　もし、私が他の人以上に私の心を使わねばならないとしたら、どのようにして私の心を静かにしておくことができるでしょうか。私は師のように独居し、仕事を放棄したいのです。

マハルシ　そうではありません。あなたは自分のいるところにとどまって、仕事を続けていくことができます。心に生命を与え、すべてのこの仕事をすることができるようにする底流となっているのは何でしょうか。もちろん、真我です！　だから、それはあなたの活動の本当の源泉です。あなたが活動をしているあいだ、ただそれに気づくようになりなさい、そしてそれを忘れないようにしなさい。あなたが仕事をしているあいだにも、あなたの心の背景にあるそれ（真我）を熟考しなさい。それをするのに決して急いではいけません！　仕事をしているあいだにも、ゆっくりとして、今あるあなたの本当の性質の記憶を保ちつづけ、あなたにそれを忘れさせる原因となる焦りを避けるようにしなさい。思慮深くありなさい。心を静かにする瞑想を絶えず実行し、それを支えている真我と心との本当の関係に気づくようにさせなさい。仕事をしているのはあなたであると思わないようにしなさい。仕事をしているのは底にある流れであるということを考えなさい。あなた自身をこの流れと同一視しなさい。もしあなたが急がされることなく、記憶を保ったままで仕事をするならば、あなたの仕事あるいは奉仕は障害物であるとは限らないのです。

マハルシは、すべての同一の車輪の内に含まれているスポークが、太いか細いかを、真我の円の内に含まれている知的な仕事になぞらえている。

『バガヴァッド・ギーター』の中で、クリシュナはアルジュナに、真我の中に心をとどめておき、行為者であるという想念なしに、彼の本性に従って行為すること、そうすれば彼の行為の結果は彼に

質問者　世界におけるすべての苦しみと悪の目的は何ですか。

マハルシ　あなたの質問はそれ自体が苦しみの結果です。悲しみは人をして神を信じさせます。それが苦しみのためでないとしたら、あなたは質問を発したでしょうか。ジニャーニを除いて、王様から小作農民まですべての人がなんらかの悲しみをもっています。たとえそれが存在しないように見える場合にさえ、それはたんに時間の問題であり――遅かれ早かれそれはやってきます。また、人ははじめは悲しみや神について問うことはなくても、しばらくすればたぶんその問いを発するでしょう。私たちは、自らの真の状態を知るために、この乗り物（身体）に乗ってきたのです。

質問者　しかし、なぜ完全なものから不完全なものが現われてこなければならなかったのですか。

マハルシ　もしそれが宇宙の顕現ではなかったら、われわれは真の状態についての想念をもたないでしょう。宇宙の顕現の目的は、あなたにその原因を知らせるためなのです。あなたが自らの真の状態を知るとき、マーヤ（幻影）は存在しません。もしあなたが自分自身を知らないとすれば、それはあなたの過ちです。

質問者　それでは世界は本当によく計画されているのですか。

マハルシ　それはまったくよく計画されています。誤りはあなたの方にあります。私たちがその誤りを正せば、世界の全体計画はよくなります。

質問者　どのようにして世界の苦しみを変えることができますか。

マハルシ　真我を実現しなさい、それが必要なすべてのことです。

質問者　世界は物質的なものです。そのための救済法は何でしょうか。

マハルシ　物質的であるか霊的であるか、それはあなたの見解によります。あなたの見解を正しなさい。創造者はどのようにして自らの創造の面倒を見るかを知っています。

質問者　世界は進歩していますか。

マハルシ　世界を統治する一者がいます。世界の世話をするのはかれの仕事です。世界に生命を与えたのはかれであり、またどのように世話をするかを知っています。もしわれわれが進歩すれば、世界は進歩します。あなたがあるがままに世界もあります。真我を理解せずに世界を理解するどんな効用があるのでしょうか。真我の知識なしには、世界の知識など必要ありません。あなたの至高の真我の眼を通じて世界を見なさい。

質問者　飢餓や伝染病など、世界にはびこっている災害があります。この事態の原因は何ですか。

マハルシ　このすべての事態は誰のところに現われているのですか。あなたは睡眠中には世界とその苦しみに気づいていませんでした。あなたは、目覚めている状態においてのみそれらを意識しているのです。世界に気づいていなかった状態を持続しなさい。

そのとき、その苦しみはあなたに影響することはなかったのです。あなたが真我として（眠りの中でのように）とどまっているとき、世界とその苦しみはあなたに影響を与えることはないでしょう。それゆえ内部を見ていなさい。真我を探し求めなさい。そのときには、世界とその苦難は終わりを告げるでしょう。

質問者　しかし、それは利己的です。

マハルシ　世界は外部的なものではありません。あなたは誤ってあなた自身を身体と同一視し、あなたが世界を見ているからです。世界の苦痛はあなたに現われるようになったのです。しかしそれらは実在するものではありません。実在を探し求めなさい。そしてその実在しない感情を取り除きなさい。

質問者　世界の悲惨を解決できない偉い人や公務員たちがいます。

マハルシ　彼らはエゴ中心的であり、したがって無能です。もし彼らが真我の中にとどまっているならば、彼らは違ったものであるでしょう。

質問者　なぜ真我はこの悲惨な世界として現われたのですか。

マハルシ　あなたがそれを探し求めるように。あなたの目は自分自身を見ることができません。しかし、その前に鏡を置きなさい。そうすればただそれだけで目は自分自身を見るのです。（神の）創造物についても同様です。まず、あなた自身を見なさい。それから全世界を真我として見なさい。

質問者　なぜ宇宙には悲しみと災いがあるのですか。

マハルシ　それは神の意志です。

質問者　どうしてですか。

マハルシ　神は計り知れないものです。その力はいかなる動機ももつと考えることはできませんし、いかなる願望も、達成すべきいかなる目標も、その全知・全能の存在のものと主張することはできません。太陽のように、神はかれの現存の下で生ずる諸活動によって手を触れられることはありません。もし心がさまざまな出来事のために満足せず落ち着かないならば、解決として神の意志を受け入れることはよい考えです。こうして、自分自身を神の道具と見なすことによって、責任と自由意志の観念を弱めること、神の望むだけ行ないそれに耐えることは、賢明なことです。

質問者　なぜ完全なものの中に不完全なものがあるのですか。

マハルシ　誰にとって相対性があるのですか。誰にとって不完全なものがあるのですか。絶対者は不完全ではありません。絶対者が包み隠されている、とあなたに言うでしょうか。何かが絶対者を覆っていると言っているのは個我です。

質問者　われわれは人口過剰が原因で多くの苦難がある、と感じています。しかしわれわれが存在しなかったなら、苦難も現われなかったでしょうか。

マハルシ　われわれは出生の原因を見いだすことによって、この苦難の原因を見いだすことができます。もし生まれてくるもの（エゴ）が知られるなら、災いは消滅します。

質問者　わたしは病と死の恐怖にとりつかれています。

マハルシ　誰が病気になるのですか。あなたは病気になっているのですか。もしあなたが自分とは何かを分析すれば、病気はあなたに影響を与えることができないことを知ります。あなたは何ですか。あなたは死にますか。あなたは死ぬことができるのですか。アートマンのことをよく考えなさい。それをよく理解しなさい。

質問者　私は試みています。しかしそれは長く私の心にとどまっていないのです。

マハルシ　修練が完全なものをつくりだします。

質問者　その間に？

マハルシ　その間、苦しみはないでしょう。

質問者　私たちは世俗世界で生活しています。そしてある種の悲しみなどを味わっています。私たちは助けを求めて祈りますが、それでも満足しません。何をすればよいでしょうか。

マハルシ　神にまかせなさい。もしあなたが自分を投げだせば、あなたはかれの意志に従うことができるにちがいありません。そしてあなたが望むように事が運ばなくても悲しむことはありません。物事はそれが現われてきたのとは異なった結果になっていくでしょう。災難はしばしば人びとを神に対する信仰へと導きます。

質問者　真我の探求は、苦しみ悲しんでいる世界では利己的です。

マハルシ　海はそこにある波に気づいていません。同様に、真我はそこにあるエゴに気づいていません。

◆　◆　◆

もし一人の人の幸福が外的な環境と所有物に基づくのであるならば、人はなんらかの所有物なしにはどのような幸福も得ることはできないでしょう。実際の経験はこのことを示しているのではないですか。

いいえ。深い眠りのあいだ、人は身体を含めてすべての所有物を欠いています。しかし人は不幸である代わりに、この上なく幸せな解放を享受します。人は誰でも気持ちよく眠りたいと思うのではないですか。それゆえ幸福は外的な原因に基づくのではなく、真我の中に戻ることなのです。純粋な「私」、すなわち実在が忘れられたときあらゆる種類の苦しみが急に起こります。しかし真我がしっかりと保たれているときには、苦しみはその人に影響を与えることはありません。真我から離れることが、すべての苦しみの原因となってきたのです。

第2章

ヨーガとプラーナーヤーマ

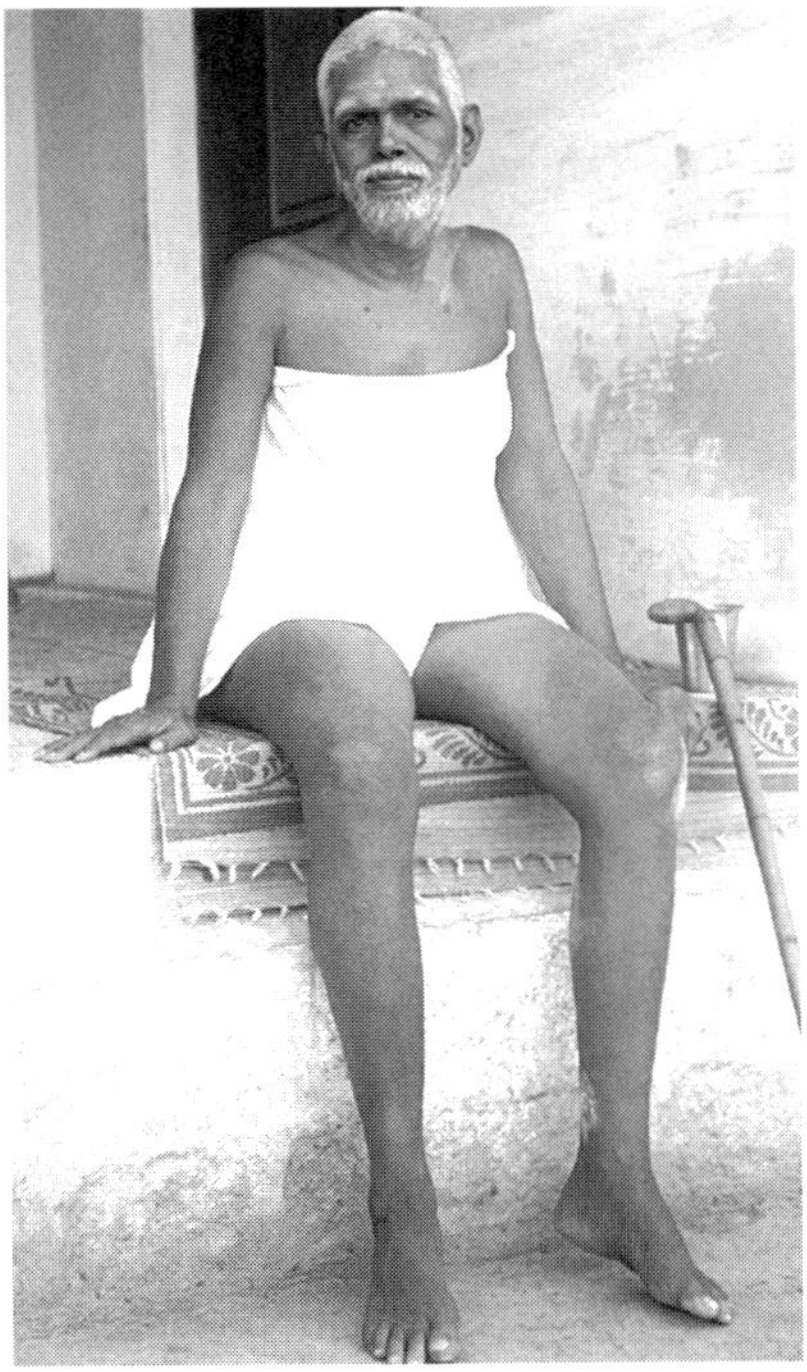

心の活動の停止はヨーガのすべてのシステムに**応用**される。ただ**方法**が**異**なっているだけである。その**目標**に**向**けて**努力**がなされる**限**り、それはヨーガと**呼**ばれる。その**努力**がヨーガである。**停止**は**非常**に**多**くのやり方でもたらすことができる。**第一**に、**心**それ**自身**を**探**し**求**めることによって。**心**が**探**し**求**められると、その**活動**は**自動的**に**停止**する。これがジニャーナ（jnana　**真我**についての**知識**）の**方法**である。**純粋**な**心**が**真我**である。**心**の**源**を**探**すのがもう一つの**方法**である。その**源**は**神**あるいは**真我**あるいは**意識**と**言**われるものかもしれない。**第三**に、一つの**想念**への**集中**は、すべての**他**の**想念**を**消滅**させる。**最後**にその**想念**もまた**消滅**する。

質問者　マハルシはハタ・ヨーガとタントラの修練について何を言われますか。

マハルシ　マハルシはどんな存在する方法も批評はしません。心の浄化にすべてよいものですし、浄化された心こそが、その方法をしっかりとつかみ、修練をやりとげることを可能にします。

質問者　さまざまなヨーガの中でどれがもっともよいものですか。

マハルシ　『ウパデーシャ・サーラム』の第十頌をご覧なさい。すべてのヨーガは、最終的にヴィチャーラ（vichara　探求）に導き、真我の中にとどまることを教えます。

質問者　ヨーガは目標に近づくためのよい方法ですか。

マハルシ　結局のところ、目標へのただ一つの接近法だけがあり、それは真我の実現によるものです。ですから、せいぜい最後の道へ導くにすぎないその他の手段に、なぜむだな時間を費やすのですか。ある補助的な道よりも、つねに最後の道そのものを進む方がよいのです。真我とは何かについて瞑想しなさい。それがすべてです。それへの回答を発見すること以外に何もありません。すべての中に真我を見なさい。いわば「自動的に」行為し、「それ（真我）」をしてそうさせなさい。そうすればいつもそのようになるでしょう。結果を求めることなく、正しいことをしなさい、そしてそのままに放置しておきなさい。

質問者　ヨーガはどんな「結合」を意味するのですか。

マハルシ　あなたは探求者です。あなた以外に、探し求められる結合の相手である「何者か」があるでしょうか。あなたはすでに真我に気づいています。それを探しだしなさい、そうすればそれは無限に拡大されるでしょう。それでありなさい。

質問者　ヨーガは結合を意味します。しかし、何との結合なのですか。

マハルシ　まさにそのとおりです。ヨーガは、一つのものと他のものとが先に分割されており、後に結合されることを意味します。誰が誰と結合されるべきなのでしょうか。ヨーガにおいては、あなたは探求者であり、あなたから離れていたあるものとの結合を探求しているのです。しかしあなたの真我はあなたと親密な関係にあり、あなたはそれに気づいています。それを探求しそれでありなさい。そうすればそれは無限として広がり、ヨーガなどの問題はなくなるでしょう。誰にとってのヴィヨーガ（viyoga　分離）なのですか。それを見つけなさい。

質問者　太陽の道、ラヴィ・マールガ（ravi marga）とは何ですか。月の道とは何ですか。

マハルシ　太陽の道はジニャーナで、月の道はヨーガです。ヨーギたちは身体の中の一万二千のナーディ（nadi　微細身におけるチャンネル）が浄化された後、スシュムナ（sushumna　脊柱の内部に位置している中央のチャンネル）気道が感得され、心はそれを通り抜けてサハスラーラ・チャクラに達し、そこでネクターが流れます。これらはすべて心の概念です。心は、すでに概念の世界によって圧倒されています。より巧みな概念が今ヨーガという形で付け加えられているのです。これらのすべての目的は、人から概念を取り除くこと——人を純粋な真我、すなわち諸々の想念をなくした絶対意識としてとどまらせることなのです！　なぜまっすぐにそこへ行かないのですか。なぜすでに存在している単一のものに新たな邪魔ものを付け加えるのですか。

質問者　プラーナーヤーマとは何ですか。

マハルシ　プラーナ（prana）は生命の流れですから、それは真我、魂、アートマンなどと同じ価値をもつものです。心とプラーナは同じ源から生じます。プラーナーヤーマは、呼吸を通して身体、諸感覚および知性を制御することです。心はこの修練によって制御され、徐々に静かになります。最後には心は鎮静し、そして無意識の「空白」の状態が引き起こされます。それは失神あるいは恍惚（トランス）状態です。それはすばらしい平安の境地であることは間違いないのですが、しかし一時的なものであり、その状態が終わるとヨーギはそれを取り戻そうとして再び呼吸の制御を始めます。ヨーギにとっては、プラーナーヤーマを超えていき、心の直接的な制御をもたらすことが必要であり、このようにしてたんに一時的なサマーディ*（samadhi　真我への吸収）ではなく、恒久的な平安——サハジャ・サマーディを習得するのです。

＊訳注　第4章　サマーディ　参照。

問題は心に平安をもたらし、それを静かにさせておくことを可能にすることであり、心がさまよい歩くのを許さないことです。プラーナーヤーマはそのための処方を与えますが、しかしプラーナーヤーマは心の制御の達成を助けるという限りにおいてのみ役立つのです。心の平安を求める人びとにとってはそれで十分ですが、しかし、シッディ（siddis　超能力）を求める人びとのための、いっそう詳細で込みいったプラーナーヤーマもまたあるのです。

プラーナーヤーマは心を制御する力を授けられていない人びとのためのものです。この目的のためには、賢者と交わりをもつことがもっとも確実な方法です。プラーナーヤーマはハタ・ヨーガにおいて説明されているような正確さを必要としません。信仰や瞑想に没頭している人にとっては、ほんのわずかの呼吸の制御だけで心を制御することは十分でしょう。心は騎手であり呼吸は馬です。プラーナーヤーマは馬に対する一つの制御手段ですが、またそのことによって騎手も抑制されます。ほんの少しの制御にすぎないかもしれませんが、呼吸の観察はそれを行なうための一つの方法です。心は他の諸活動から逸らされ、呼吸の観察に集中されるでしょう。そうすれば呼吸が制御され、続いて心が制御されるでしょう。もしあなたがレーチャカ（rechaka　吐息）やプーラカ（puraka　吸息）をすることができなくても心配することはありません。瞑想中にしばらくのあいだ呼吸が止めておかれ、それがよい結果をもたらすでしょう。呼吸の調節はその動きを観察することによって達成されます。同様に心が観察されれば、思考もまた止まるでしょう。それが本当に心の探究ということになります。

しばらくのあいだ瞑想をすると呼吸の停止がもたらされるのとちょうど同じように、その逆もまた可能で、しばらく呼吸を制御した後では、心は休みなく動き回るのをやめます。心の制御は自然に呼吸の制御をもたらします。

呼吸の制御は特にグルがいないときに自分自身で修練を行なっている人びとにとって適していま す。心の制御はグルのような非凡な力が存在しているところで自然に生ずるものだからです。

生命が脅かされているとき、人のすべての関心は生命を救うことに集中されます。同様にプラーナーヤーマにおいて呼吸が止められているとき、心はいつものように外的対象物に向かって飛びついていく余裕がありません。したがって呼吸が止められている限り、心は静止しているのです。

思考と呼吸の両方が、それに依存している同じ個体の生命の流れの、二つの異なった面なのです。もし呼吸が力ずくで抑制されると、思考もそれにならい、通常の支配的な思考に固定されます。もし思考が強制的に緩慢にされ、一点に釘づけにされると、呼吸の活発な活動もまた緩慢になり、究極的には生命の存続に必要な最小限度に落ち着いてきます。そのようにして心は微細になり、その中に溶けこんでいきます。

呼吸の制御は心を穏やかにします。そこでその穏やかさに気づいているのは誰か、を理解しなさい！　気づきのないプラーナーヤーマはゴールに導くことはないでしょう。それは一つの助けにすぎません。それを習慣的に行なっている間、心の中で油断なく注意し、「私」という思考を想起しその源を探し求めなさい。そうすればどこにプラーナが沈んでいくかを発見するでしょう。そこから「私」という思考が起こってくるのです。それらは相携えて起こり沈んでいきます。「私」という思考もまたプラーナとともに沈んでいくでしょう。それと同時に、別の光を発する無限の「私―私*」(I-I)が現われ、そしてそれは連続して途切れることがないでしょう。それがゴールです。それはさまざまな名前――神、バクティ、ジニャーナなど――で知られています。しようと努力すれば、あなたはひとりでにゴールに導かれるでしょう。

質問者　三つの方法、すなわち探求、バクティ(bhakti　帰依)および呼吸の制御にはどんな違いと効果があるのですか。

マハルシ　クンバカ(kumbhaka　呼吸の保持)は心の制御――想念の抑制と絶滅――のための一つの助けです。ある人はプラーナーヤーマ(レーチャカ、プーラカおよびクンバカ、あるいはただクンバカだけの修練)をするかもしれませんし、一方、他の人、ジニャーニ(jnani　真我を実現した人)は心の制御によってプラーナを制御し、そしてクンバカが自動的にもたらされます。吸気と呼気の観察もまたプラーナーヤーマです。これらの方法は三つのものとして現われているにすぎません。それらは同じゴールに導くのですから、実際はただ一つのものなのです。しかし、それらは求道者が個人としてもつヴァーサナ(vasana　生来の傾向と気質)とサムスカーラ(samskara　過去から続いている心の印象）のどの段階またどの時期にいるかに従って、異なったふうに採用されるのです。

呼吸の制御は、想念を直接に制御することのできない人びとに向いています。それは車にブレーキをかけるような役割を果たします。人はプラーナーヤーマにとどまるべきではなく、集中と黙想に進むべきです。姿勢（ポーズ）は呼吸の制御を助けます。呼吸の制御は今度は黙想を助けます。したがってハタ・ヨーガは浄化のプロセスでもあるのです。

質問者　なぜ呼吸の調節が必要なのですか。

マハルシ　呼吸への集中あるいはその調節はもっぱら心の制御であり、それゆえ心がさまよい歩かないためのものなのです。

質問者　ナーダ・ヨーガ（nada-yoga　音に対する瞑想）を修練しているとき、私は鈴やこだまのような サイキックな音を聞きます。

マハルシ　あなたがその方法を客観的に見るならば、たぶんあなたはその中に没入しているのでしょう。音が次々にやってきて、その音がラヤ（laya　心が一時的に休止している空白の状態）の状態に

＊訳注　真我が実現された態様を表わす表現。

導くのでしょう。これらの音を聞いているのは誰か注意して見るのを忘れないようにしなさい。もしあなたがあなたの内なる真我をしっかりとつかまえて手放さないならば、あなたが音を聞くか聞かないかは重要なことではないでしょう。主体を見失わないように保っておきなさい。ナーダ・ヨーガは確かに集中の一つの方法ですが、それを達成した後は真我に焦点を合わせなさい。もしあなたが主体を見失うと、あなたはラヤに入っていくでしょう。

ある人がアジナ・チャクラ（眉間《みけん》）に焦点を合わせているにもかかわらず、進歩が感じられなかった、と述べた。

マハルシ　もしあなたが見られるものに焦点を合わせるなら、見る人はそこにとどまっていることはありませんが、もし見る人がつねに自分を忘れずにいるなら、すべてはうまくいくでしょう。

質問者　ヨーロッパ人に勧められる特別なポーズが何かありますか。

マハルシ　それは個人の心の準備のいかんによって異なります。定まった規則はありません。時間あるいはその他の付属的な要素によって定まったポーズは、瞑想の修練にとって本質的なものではないことを明瞭に理解されねばなりません。

アーサナ（asana　ヨーガの体位）はジニャーニの課程にとって必要不可欠なものではありません。

ジニャーニはどこでも、どのポーズでも瞑想を実行することができます。

神の中にとどまることが本当のアーサナにほかならないのです。

◆　◆　◆

チャクラとクンダリニ

質問者　チャクラ（chakra）とは何ですか。

マハルシ　ヨーガの修練において、人は下っていってもっとも低いチャクラから出発し、それから上に昇り、すべてのチャクラを通ってさまよい歩き、脳の中心あるいは千の花弁をもった睡蓮（サハスラーラ　sahasrala）に達します。ジニャーナの修練によれば、人は直接にハート・センターの中に落ち着きます。アナハタ（anahata）と呼ばれるヨーガのハートのチャクラはこのハートと同じではありません。もし同じであれば、なぜヨーギたちはサハスラーラまでさらに進んでいくのでしょうか。さらに言えば、分離の感覚ゆえに疑問が生じます。われわれは決してその中心から離れることはないのです！　アナハタに到達する以前に、あるいはそれを通り過ぎたあとで、人はなおその中心にだけとどまっています。人はこのことを理解しようとしまいと、決してその中心から離れることはありません。

◆　◆　◆

アートマン（真我）だけが悟られるべきものです。それが悟られれば、ほかのすべてのものはその範囲内に保たれます。シャクティ（shakti　力）、シッディ（siddhis）等々はすべてその中に含まれます。これらについて語る人びとはアートマンを実現していません。アートマンはハートの中にあり、またハートそれ自身です。その顕現は脳の中にあります。ハートから脳への流れはスシュムナを通っていくと考えられるかもしれません。ヨーギたちはその流れはサハスラーラへと昇っていき、そこで終息すると言います。その経験は完全なものではありません。ジニャーナのためにヨーギたちはハートに到達しなければなりません。ハートがアルファでありオメガなのです。

質問者　六つのチャクラの名があげられています。ジィーヴァ（jiva　エゴ）はハートに住まうべきであると言われます——それは本当でしょうか。

マハルシ　あなたはハートを肉体的器官——それは重要なものではない——と捉える必要はありません。私たちは真我以外の何ものにも関心がありません。私たちが確信していることについては、疑問や議論の余地はありません。チャクラは集中のために役立つものとして象徴的に説明されます。クンダリニの流れはわれわれ自身です。

質問者　クンダリニは脊柱の土台から立ち上ってくる、と言われます。

マハルシ　その流れはわれわれ自身です。心が本当のクンダリニなのです。クンダリニを蛇として表現するのは、たんに比較的鈍感な人の心を助けることにすぎません。さまざまなチャクラの表現の形態もまた架空のものです。

◆　◆　◆

真我が実現されたとき、胸の右側で、ハートの中でイルミネーションが体験されます。クンダリニとチャクラはヨーガの道を修練する人のために存在するのであって、真我探求を修練する人のためではありません。

ヨーガを超えて

奇跡、千里眼、霊聴力――これらは何だろうか。それは（鉄道の）待避線である。悟った人はそれらより上にいる。最大の奇跡は真我を実現することである。若干の人びとは千里眼によってたくさんの前世を見たと言っているが、それが何の役に立つのだろうか。それは彼らがあるいは他の人びとが真我を知るための助けになるだろうか。肉体の誕生以外のこれらの生とは何だろうか。本当の誕生は真我の中にある。たとえあなたが今（アストラル体で）イギリスにいることができたとしても、それが何かよいことをもたらすだろうか。あなたはほんの少しでも真我の実現に近くなることはないだろう。

シッディ（オカルト的な力）がどんなよいことをするだろうか。仮にあなたがこれらのすばらしい力を行使するとしよう。あなたは一つの欲望を感じ、それをかなえようとする。そして新しい欲望が起こってきたとき、あなたはあなたのエネルギーを費やし、それに注意を向ける。しかし落ち着かない心のために実質的な成果はたんなる気苦労でしかないのではないだろうか。幸福があなたの本当のゴールであり、目的であるならば、あなたは結局はシッディによる気晴らしから元に戻り、幸福を欲しているのは誰かを探求することによって、あなた自身を発見するように努めるべきだ。

若干のジニャーニたちは千里眼のようなシッディを開発するかもしれない。彼らはシヴァと等しく、恩恵を授けることさえ可能であるかもしれないが、真我の実現と等しい力を得ることはできない。人びとはジニャーナという観念に満足せず、その上にシッディをも欲しがる。彼らは身体を見ているだけなのだ。彼らはたぶんジニャーナの至上の幸福をおろそかにし、脇道にそれ、王道に従う代わりに途中でさまよってしまったのだ。ジニャーナはすべてである。だからジニャーニはオカルトの力について何かむだに想念をめぐらすことはしないだろう。

マハルシはサイキックなヴィジョンに対する態度においていつも変わることはなかった。彼の弟子たちが、彼自身の写真が輝かしい光の中で神々しい姿に変容したように見えたということを知らせたときにさえ、彼はすべての「形」は脇に置いておき、そのような見られるものは滅しやすいこと、始めのあるものは必ず終わりがあることを忘れないように心に留めておくように勧めている。人が捉えて離さないようにすべきなのは真我の直観的知覚なのだから。

一人の帰依者がマトゥーラへ行ってクリシュナのヴィジョンを見た、と主張した。それに対し

てマハルシは次のように応答した。

マハルシ　見る人、見られるもの、見ることはすべて一つのものであり、すべてあなた自身の内部にあったのです。あなた以外の誰もそれを見た人はいません。それはあなた自身の空想だったのですが、しかしあなたが実際にそれを見たこともまた本当なのです。

質問者　テレパシーのようなオカルト的な力を身につけることはよくないことですか。

マハルシ　オカルト的な力は心の範囲内にだけあるのです。テレパシーについて言えば、遠くから聞くのと近くで聞くのとどんな違いがあるのでしょうか。聞く人がいなければテレパシーはありえませんし、見る人がいなければ千里眼はありえません。それが重要なことなのです。テレパシーとラジオは両方とも人に遠方から見たり聞いたりすることを可能にするのです。聞くことと見ることは同じなのです。人が近くから聞こうが遠くから聞こうが、聞く人には何の違いももたらさないのです。基本的な要因は聞く人、主体です。聞く人や見る人なしには、聞くことや見ることはありえないのです。後者は両方とも心の働きです。オカルトの力は心の力にすぎないもので、真我にとって生得のものではありません。生得ではなく習得したものは永久的なものではありえませんし、それは獲得するに値しないものです。

これらの限られた力をもった誰かがみじめな気持ちになったとき、彼はこの方向で幸福を得ようと考えて、その力を拡張したいと思います。しかし本当に事実でしょうか。もし彼が限られた力をもつがためにみじめであるならば、知覚力が拡張される度合いに従ってみじめさは増大するはずです。オカルト的な力は誰にも幸福をもたらさず、それをもった人をみないっそうみじめにするでしょう。いずれにせよオカルトの力は何を求めているのでしょうか。ある人のエゴを他の人びとに称賛させるためなのです！　神、真我は最高の力であり、もっとも探求するに値するものです。結果として平安をもたらすものが最高の力なのです。

ダンダパニ・スワミが、夢の中にマハルシが現われて、ある質問に答えた、という生々しい夢について話した。

マハルシ　あなたはこの答えを知りたがっていたが、それをあなたに与えたのはあなた自身の真我だったのです。私は、あなたを訪ねたことをまったく知りません。

質問者　瞑想中に、じっと見ているのが楽しい、美しい光を見ます。その中に神を見ることができますか。

マハルシ　それらはすべて心がつくり出した観念です。すべての瞑想中の体験——対象物・感覚あるいは想念——はすべて心のつくり出した観念にすぎません。

質問者　私たちは形をもったヴィジョンとして神を見ることができますか。

マハルシ　はい、具体的な形は見られるかもしれませんが、それはまだ帰依者自身の心の中にあります。神の顕現の形と姿は帰依者の心の状態によって決定されますが、これは二重性の感覚をもっており、終局的なものではありません。それは夢のヴィジョンのようなものです。神が知覚された後、ヴィチャーラ（vichara）が始まり、そして真我の実現で終わります。ヴィチャーラは最終的な方法です。

質問者　ポール・ブラントンはあなたをロンドンで見たのではありませんか、(注)あるいはそれは一つの夢にすぎなかったのですか。

マハルシ　はい、彼は一つのヴィジョンをもっていました。それでもやはり、彼は私を彼自身の心の中で見たのです。

質問者　しかし彼はこの具体的な形を見たのではないのですか。

マハルシ　はい、しかしそれはまだ彼の心の中にありました。

マハルシはポール・ブラントンの『秘められたインド』の最後の章で言及している「燃える光」の体験について説明した。

マハルシ　ヨーギたちは修練中、真我を実現する前にいくつかの光と色を体験すると言われています。昔、パールヴァティ（シヴァの妻）は永遠なるものを獲得するために苦行をしました。彼女はある光を見ました。それらはすべて彼女の感覚で感じられ見られたものですから、彼女はそれらの光は永遠なものにはならないと結論しました。長い苦行の後で彼女は非常に強力な光を見ました。彼女はこの光もまた永遠なものにならないという結論に到達しました。それから厳しい苦行の後、彼女は平安を獲得し、真我が永遠なものであると結論しました。物事の存在は光を通してだけ見られます。したがって、人が真我を実現するのはその光によってである、ということがどうして誤りであると言えるでしょうか。人の真我を実現するという知識はその光です。ニルヴィカルパ・サマーディ*（nirvikalpa samadhi）のあいだにはそれは人がサマーディの中で見られた光とその光を超えるものとの両方を見る知識として存在しています。それは無知ではありません。それが光でないとどうして言うことができるでしょうか。

質問者　集中された心が静止する前に、あるいはその後に、ヴィジョンを見たり神秘的な音を聞くこ

（注）この体験の記述はポール・ブラントンの『秘められた道』の第一章に見られる。
*訳注　第4章　サマーディ　参照。

とがありますか。

マハルシ　それらは前にも後にも現われます。重要なのはそれを無視し真我にのみ注意を払うことです。瞑想の間に見えるものや聞く音は、心を乱し、心を誘惑するものと見なさねばなりません。それらが求道者を迷わすことを決して許してはなりません。ヴィジョンは瞑想に妙味を添えますが、しかしそれ以上の何ものも与えることはありません。

インド人の師匠であるスンダレーサ・アイヤールが、光のヴィジョンや鈴の音を聞くような若干の最近のヨーギの経験を述べた。

マハルシ　それらはやってきては消えていくでしょう。目撃者としてだけとどまりなさい。私自身数えきれないほどのそのような経験をしましたが、それについて誰にも相談に行ったことはありません。

質問者　詩や音楽を通じて、人は時どき深い至福の感覚を経験することがあります。このようなことを繰り返し実行することによって、より深いサマーディに導かれ、最終的に実在の完全なヴィジョンに至ることがあるのでしょうか。

マハルシ　心地よいものを見ると幸福になります。それは真我に生得的な幸福です。その幸福は外来の、あるいは遠くのものではありません。あなたが楽しいと思うそのような場合、あなたは純粋な真我の中に潜りこんでいます。その潜りこみは、結果として真我の現存による至福をもたらしますが、それはこの至福を他のものや出来事に原因があるとする観念と結びついています。実際はそれはあなたの内にあるのです。この場合あなたは無意識にではありますが、真我の中に飛びこんでいるのです。もしあなたが意識的にそうすれば、あなたはそれを真我の実現と呼びます。私はあなたが意識的に真我の中に、すなわちハートの中に潜りこんでほしいと思っています。

質問者　聖テレーズ(注)たちは聖母マリアの像が生命をもつのを見ました。それは外面的なことでした。他の人びとは彼らの心の目で信仰の像を見ています。これは内面的なことです。二つの間にどの程度の違いがありますか。

マハルシ　両方ともよいことで、その人が瞑想において著しく進展したことを示しています。程度に違いはありません。一方は神の観念をもち、心の像を描きそれを感じている。他方は像の中に神の観念をもち、像の中にそれを感じている。いずれの例においても感覚は内面にあります。

質問者　聖テレーズの場合、彼女は自分が見た生命をもった聖母マリアの姿に献身して至福にあった

(注) リジューの聖テレーズ（一八七三―一八九七）。

のです。

マハルシ　生き生きとした姿が心を内面に向けるよう準備したのです。ある人物の映像に集中することにより、最終的にはそれに生命が吹きこまれ、質問にも答えるようになるというプロセスがここに見られます。それはマノバラ（manobala　心の力）あるいはディヤーナバラ（dhyanabala　瞑想の力）のためです。外面的なものは何でも一時的なものでもあるのです。そのような現象は一時的な喜びを作り出すかもしれませんが、永続的な平安がもたらされることはありません。永続的な平安はアヴィディヤー（avidya　無知）を取り除くことによってのみ成し遂げられるのです。

質問者　あなたがおられるときに私が感ずる平安が、ここを去った後も持続しないのはなぜですか。

マハルシ　このひらめきは持続する真我の啓示の前兆にすぎないのです。その平安はあなたの真の本性なのです。反対に観念は付け足しにすぎないのです。これが本当のヨーガです。しかしながらあなたは、この平安が修練によって得られたものというかもしれませんが、それは修練によって放棄されるべき誤った見解なのです。

マハルシは彼のアテンダント（付添人）に小さなノートをくれるように要求したが、適当なものが見つからなかった。二、三日後、地方政府の技術者であるナムビアール氏がアーシュラム

を訪問し、「マハルシが夢の中に現われて、この大きさのノートを要求した。そこでこれを持ってきた」といって一つのすばらしいノートを取りだした。マハルシはほほえんでそれを受け取った。後に彼は『ラーマ・ギーター』のマラヤラム語訳を書くのにそれを使った。それはナムビアールによって私費で印刷された。

マハルシ　人びとはそれぞれのサムスカーラのコースを走ります。人びとが真我であるということが教えられたとき、その教えは心に影響を与え、空想が騒ぎまわります。彼らのオカルト的経験は、もっぱら「私は真我である」という心境についての空想にしたがって生ずるものです。しかし、人が成熟しており、心がハートの中に沈められようとしているときには、その教えはたちまち効果を発揮し、人は真我を実現します。さもなければ苦闘が生じます。

◆　◆　◆

オカルト主義、神智学などは同じ目標に至る回り道です。これらの道の指導者たちは真我に対する瞑想を教えることはないけれども、その道の信奉者たちは最後には真我に到達するでしょう。真我に対する瞑想は、もっとも速く、もっとも直接に真我に至る正しい道です。ウパニシャッドは「見るものではなく、聞くものではなく、思うものでもない、それは無限なるものである」と言明しています。音を聞こうとして耳を澄まし、あるいはオームの音に瞑想する人びとは、無限者それ自身が聞くことができないときに何かを聞こうとして瞑想しているのです。それは千里眼、チャクラ・センターなどのサイキックなヴィジョンを開発しているオカルトのグループの人びとと同じです。彼らは実在が見えないときにさまざまな形を見ようとしているのです。彼らは同じ目標を目指しているのですが、そこに到達しようとさまよい歩いているのです。ヴィチャーラにおいては、実在を見たり聞いたりしようとしているのではなく、もっぱらそれを悟ろうとしているのです。真我に対する瞑想はまっすぐで、短く、直接的な道であり、レベルや程度にかかわらないのです。

ちょうど学校でのように、より低い程度とより高い程度という異なったクラスがあり、そこでこれらのオカルト的な、サイキックな、マントラ的な方式は、より低い程度のクラスに相当します。人生の学校でもっとも程度の高いクラスはヴィチャーラ、本当の真我への探求に専心するクラスです。これは実質的にはジニャーナ・ヨーガと同じものです。それは成熟の問題です。

ヴェーダのような体系の主要な対象あるいは中心的な教えは、ブラフマンが実在であり、世界とその他の物事は非実在であるということです。しかし、あらゆる種類の求道者が、鈍感なものも敏感なものも同様に受け入れるものでなくてはなりません。鈍感な人が中心的な教えに従うことを可能にするためには、等級に区分された宇宙創造論が与えられます。すなわち、ブラフマンがプラクリティ

(prakriti　本性)を生み出し、マハト・タットヴァム(mahat-tattvam)　がそれに続き、そしてタンマートラ(tanmatra　五つの要素)、諸要素、世界、そして身体が相次いで生み出されます。鋭敏な知能をもつ他の求道者には、ヴェーダは、それはアーヴァラナ(avarana　覆い)によって真我が曇らされ、あるいは無知によって覆われているのであり、この夢のような架空のあるいは外観上の世界が現われているのだ、と言っています。実際には真我は覆われることはありません。それは自分が身体であると信じている人の目に覆われているように見えるだけなのです。

進化の理論、レベルと程度の原理、霊魂の物質への下降と逆進化の体系、完成に向かって発展する自己の観念――すべてこれらのことは、霊的に洗練されていない、物質的思考にとらわれやすい人びとのためのもので、高度な人びとにとっては、このような思考は放棄されています。前者は、至高の立場から見れば誤りである形や対象物に束縛された心を保ちつづけています。同様に、神智学は進化する自己について語っています。どのようにしてそれが可能なのでしょうか。本当の真我は、無限であり、形をもたず、時間を超越し、それゆえに進化を超越しています。それはすでに完全であり、自由であり、束縛されていないがゆえに、成長して完成に至ることは不可能です。しかし、神智学とそのような体系は、初心者、「私は身体である」と思っているような人びとにとっては有用であるかもしれません。そうでない人びとはそれらを必要としません。

瞑想の主要な流れの邪魔をするさまざまな形が心を悩ますのを許すべきではありません。あなた自身を真我、目撃者の中に連れ戻し、そのような心の取り乱しにかかわらないようにしなさい。これがそのような妨害に対処するただ一つの方法です。決してあなた自身を忘れないようにしなさい。サイキックな、オカルト的な教えは幼稚園です。それらは半分の真理しかもたないのです。あなたは今自由であるという全体の真理を悟り、そして自由でありなさい！

知性はアストラル・ボディであり、一定量の諸要素の集合にすぎません。アストラル・ボディのほかに何があるのでしょうか。事実、知性がなければコーシャ（kosya　魂を保存するさや）は認知されません。五つのコーシャがあると誰が言ったのですか。それは知性それ自身ではありませんか。

◆　◆　◆

真の霊的発展には時間の連続はありません。あなたは今ここで霊性をもっているのです。生存のレベル、成長の度合い、存在の状態などという心の檻にあなた自身を閉じこめる罠（計略）にかからないようにしなさい。これらの偽りの限定を喜んで受け入れてはなりません。あなたは霊的な真我なのです。それでありなさい。

第3章

瞑想の修練

瞑想とは何か。それは一つのことについて熟考することである。それゆえ、瞑想においては一つの想念をもちつづけようとしなさい。そうすればすべての他の想念は徐々に消え去るだろう。それらはしばらくの間存在しているかもしれないが、あなたが断固としてあなたのただ一つの想念をもちつづけるならば、それらはあなたを悩ませることはないだろう。われわれの心は習性によって弱く、集中することができない。一つの想念を保つために、われわれは心を強くしなければならない。

質問者　一日のうちで瞑想にとってよりよい時間がありますか。

マハルシ　はい。起床直後の早朝がもっともよい時間です。そのとき心は諸々の想念や心配ごとや悩みごとから解放されていますから。

しかし、瞑想の時間などに関するこれらの規則は、すべて初心者にとってのものにすぎません。あなたが「私は瞑想をやめました」というときが来るでしょう。というのは、そのときあなたは、瞑想という観念が瞑想する人と瞑想の対象という二元性を含んでいることをよく理解し、瞑想する必要がない本当の真我の見地を知覚するようになるでしょうから。

質問者　グループでの修練と単独での修練とについてどうお考えですか。

マハルシ　初心者にとっては後者の方がよいのですが、われわれは自分自身の孤独をつくり出す地点にまで進歩することを習得しなければなりません。そうすればわれわれがどこにいるかは問題ではないでしょう。われわれは社会のまっただ中にいて孤独（心の）を見いだすことを習得しなければなりませんし、われわれは人びとの中にいるからといって、瞑想を放棄すべきではなく、そのようなときにも続行すべきです。ただそれを見せびらかしてはいけません――こっそりとやりなさい。あなたが瞑想しているという事実を人に見せてはいけません。

質問者　ヨーギは、瞑想中の磁気の減損を防ぐように、鹿の皮の上に坐るべきであると言われています。

マハルシ　その必要はありません。大地は、あなたがたまたま鹿の皮を使わなかったからといって、瞑想の効果を奪うようなことはしないでしょう。

質問者　私たちは瞑想で坐っているときに、蚊に刺されるような身体の不快感をどのように克服することができますか。

マハルシ　あなたは集中を得ることを欲しているのではないですか。それなら身体に何が起こるか気にしてはなりません。想念の同様の訓練と努力を維持しなさい。そうすれば身体上の不快感は消えていくでしょう。不快感について考えないで、心をあなたの瞑想の上にしっかりと保っていなさい。もしあなたが蚊を我慢するに足るほど強くなければ、どうして真我の実現を得ることを望むことができるでしょうか。それはあなたが沐浴を始める前に大洋の波が静まるのを待つようなものです！　強くなりなさい、そして努力を続けなさい。

質問者　どのようにしたら情欲や怒りが克服されるでしょうか。

マハルシ　瞑想によって。単一の想念を手放さないようにし、すべての他の想念を捨てることによって。

◆　◆　◆

瞑想の中で克服されるべき一つの障害はラヤ（laya　一時的な静けさ）です。それゆえ『バガヴァッド・ギーター』を発行した教師は、「眠りの中での節度の実行」を述べました。完全な不眠を実行しようとしたファキールたちは不必要な極端な苦行を行なったのです。過度の睡眠は、過食あるいは努力しすぎによって引き起こされるのかもしれません。したがってこれらのことも節制するようにしなさい。深い眠りは日中には不可能です。太陽光線はそれを妨げる固有の効果がありますから。そこでもしあなたが日中にうとうとするならば、それを瞑想に向け直すことはきわめて容易です。それは瞑想に近似しているのですから。

睡眠について言えば、あなたが目を覚ました瞬間に注意を怠らず、神（真我）のことをよく考えなさい。一日中注意を怠らない状態を続けなさい。言いかえれば神とともにあるように習慣づけなさい。瞑想に対する第二番目の障害は外部の対象に向かっていこうとする心です。それが克服されたとき、その次に来る一つの障害は人が瞑想を実行するためにそこにいる、ということを忘れることです。そうして第四番目の障害が起こってきます。内部で動きつづける心です。

もし心を制御することが難しければ、呼吸を用いるかあるいはサットサン（satsang　賢者との交わり）をもちなさい。そうすれば心は自発的に制御されるようになるでしょう。そのようにサットサンはすばらしいものです。

質問者　あなたはどの道をお勧めになりますか。私たちはあなたの恩寵を必要としているのです。

マハルシ　静かにしていなさい、考えないようにしなさい。そして、私がある（I AM）ことを知りなさい。

質問者　目を開けて瞑想すべきですか、それとも目を閉じてすべきですか。

マハルシ　目を開くか目を閉じるか、どちらでもあなたにもっとも適した方法で瞑想することができます。それは人それぞれに異なります。心が目を通してよく見ているときには見えていても、心が内部に焦点を当てているためによく見ていないならば、仮に目を開けていても見えません。音についても同様です。もしあなたが音に注意を払っているならば、それを聞くでしょう。しかし、もしあなたがいつも内部の真我にのみ焦点を当てているならば、あなたは音を聞かないでしょう。

要は心が内に向けられ、探求活動が続けられねばならない、ということです。ときには目が閉じられていると、潜在している思考がものすごい勢いで襲ってくることがあります。目を開けておくと心を内に向けるのが難しいこともあるかもしれません。それは心の強さを必要とするからです。心が対象物を取りこんだときには、心は汚染されます。もっとも重要なことは、すべての他の想念に侵されないようにすること、そして外部の影響を受けたり他の事柄について考えたりすることなく、真我についての自分自身の探求に心をつなぎとめておくことです。

質問者　もし人がなんらの行為をすることなく、絶え間なく瞑想をすればどうなるでしょうか。

マハルシ　やってみなさい、そうすればわかります！　あなたの素質があなたにそうさせないでしょう。ディヤーナ（dhyana　瞑想）は、グルの恩寵によってヴァーサナ（vasana　生来の傾向と気質）が徐々に弱められるにつれ、累進的にのみやってくるのです。

質問者　どの姿勢がもっともよいのですか。

マハルシ　どんな姿勢でもよいのですが、もしかするとスカ・アーサナ(注)でしょう。しかしジニャーナ（知識）の道にとって姿勢は重要ではありません。姿勢というのは実際には真我の中にしっかりと位置することを意味します。それは内部的なものです。

　異なった等級に応じて異なった姿勢があります。最善の姿勢は真我の中にあることです。姿勢とハタ・ヨーガに関するこれらのすべての質問は、身体意識と「私は身体である」という思いをもつ人びとのみに生じます。とはいえ、ヨーギたちは「瞑想があなたにとってもっとも容易である姿勢を採用しなさい」と言っています。しかし、あなたは一つのポーズを採用する必要はまったくありません。もしあなたが瞑想を実行するのに、椅子に坐ったり歩いたりするのがより容易であると思うならば、そのときあなたにとっては、これらのものが正しい姿勢なのです。ハタ・ヨーガは初心者にとっての

（注）スカ・アーサナ sukha asana「快適な姿勢」あるいは半跏趺坐。

ものです。真我を発見しその中にとどまりなさい。そうすれば、あなたは姿勢について気遣うことはないでしょう。最善の姿勢はあなたのハートの中に、しっかりとグルを配置することです。

質問者　瞑想にとって何時がもっとも適していますか。

マハルシ　時間とは何ですか。それはただ一つの観念にすぎません。どのようにあなたがそれを考えようとも、それは現われてきます。もしあなたがそれを時間と呼べば、それが時間なのです。もしあなたがそれを存在と呼べば、それが存在です、など。知識の道にとって時間は重要ではありません。初心者にとって、ある時間はよいということはありますが。

質問者　瞑想は分析的ですか、それとも総合的ですか。

マハルシ　分析と総合は知性の範囲内にあります。真我は知性を超えています。

質問者　どういうときにモウナ（mowna　沈黙）が必要ですか。

マハルシ　それは真我の実現に至るための一つの助けにすぎません。いったん真我の実現が完成されるならば、それはもはや用のないものとして、捨て去られてもよいものです。真我の実現はそれ自身モウナです。話すことは、モウナをする人によって、真我の方向へと内部に向けられているエネルギーの浪費とみなされます。

心の活動の一時的な休止（マノラーヤ　manolaya）を確保する一つの方法は、賢者たちとの交わりによるものです。彼らはサマーディの中にある達人であり、彼らとともにいることによって、マノラーヤは容易に、自然に、永続きするようになります。賢者たちと親密に生活し、共鳴して接触している人びとは、彼らから徐々にサマーディの習慣を吸収します。

以前一人のヨーギが、目を閉じ、一度に二時間の間、安定して坐っていた。マハルシが彼に話しかけた。

マハルシ　あなたは本当に瞑想を習得したいのですか。ポーズだけでは十分ではありません。重要なことはどこにあなたの心があるか、ということです。ですから、向こうにいる若者から習得しなさい**（マハルシは、一年近く仕事をもたず、今はいつもアーシュラムに来ている学校を卒業した一人の若者を指さした）**。彼もあそこで目を閉じて坐っていますが、彼の心はすべて仕事を得ることに集中されています。彼は沈黙の中で絶えず私に仕事を与えてくださいと祈っています。しかし私がどこで人びとの仕事を与えることができるでしょうか。

ある日、一団のミュージシャンがやってきてマハルシのために演奏した。楽器はフルート、ヴ

ァイオリン、ハルモニウムだった。演奏が終わった後、さまざまな楽器についてどれがもっとも気に入ったか、という議論になった。マハルシは、真我への集中を持続する助けになるムラのない、単調で、一点に集中させるリズムをもつハルモニウム以外に何も聞こえなかった、と言った。

質問者　眉間の場所はどういう意味をもちますか。

マハルシ　われわれの目には見えない記憶を蘇らせるものです。心は光としても対象物としても機能します。もし対象物が取り除かれれば、光のみが残るでしょう。

質問者　しかし、私たちはそのような光があることを知らねばならないのでしょうか。

マハルシ　光が存在しているのですから、見ることあるいは認知は現在の状態に直接関係しています。光は見ることにとって必要不可欠なものです。それはわれわれの日々の生活において普通のことです。さまざまな光の中では、太陽の光がもっとも重要なものです。したがって太陽のおびただしい栄光が語られています。

質問者　私は十分深く理解することができません。

マハルシ　そのように言うのは誤っています。もし真我の中でなければあなたは今どこにいるのですか。あなたはどこへ行くことができるのですか。必要なすべてのことは、あなたが真我であるということを断固として信ずることです。その他の活動はあなたの上にヴェールを投げかけると言った方がよいでしょう。

質問者　瞑想を始める人びとは不健康になりがちであると言われます。少なくとも私は若干の苦痛を感じます。それは神のテストであるとも言われています。それは本当ですか。

マハルシ　バガヴァーンはあなたの外側にはいません。したがってテストなどというものは設けられていません。あなたがテストあるいは霊的修練の結果としての新しい病気であると信じているものは、実際はあなたの神経と五つの感覚に加えられている緊張なのです。これまで外部の対象を感じるために、ナーディ（nadi　微細身におけるチャンネル）を通って作用し、そして、そのようにそれ自身と知覚器官などとの間の連結を保ってきた心が、今やその連結から撤退することが求められているのです。この撤退の行動は当然緊張、痛みを伴う筋違いを引き起こすでしょう。もしあなたが瞑想を続けるならば、あなたの一つの想念が、あなた自身あるいは真我の実現を理解するはずです。そしてこれらのことはすべて消え去るでしょう。この絶え間のないヨーガ、あるいは神またはアートマンとの結合よりも優れた治療法はありません。

けです。

マハルシ　あなたが習得する必要があるすべてのことは、あなたが目を閉じて内部に向き直ることだ

質問者　どのように瞑想すべきでしょうか。

マハルシ　あなたが習得する必要があるすべてのことは、あなたが目を閉じて内部に向き直ることだけです。

質問者　なぜたいへん多くの修練の方法がとりあげられるのでしょうか。たとえば、シュリー・ラーマクリシュナはバクティ（bakti　帰依）がムクティ（mukti　解放）を達成するための最善の手段であると言っています。

マハルシ　どの方法がよいかは求道者次第です。クリシュナは次のように言うことから始めます（『バガヴァッド・ギーター』第二章十二頌）。「私は決して存在しなかったことはない。あなたも、ここにいる王たちも。またわれわれはすべて、これから先、存在しなくなることもない。なぜなら実在しないものは決して存在しないから。実在しないものは決して存在せず、実在は決して存在しないことはない。つねに存在したものはすべて、今でさえも存在するし、永遠に存在するであろう」。後になってクリシュナは続けました（同第四章一頌）。「私はこの真理をヴィヴァスヴァンに説いた。彼はそれをマヌその他に説いた」。アルジュナはたずねました（同第四章四頌）。「どのように説くことができるのですか。あなたは数年前に出生しました。彼らはそのずっと前に生きていたのです」。そこでクリシュナはアルジュナの立場を理解して答えました（同第四章五頌）。「私は多くの生を経てきた。

あなたもそうだ。アルジュナよ。私はそれらをすべて知っている、だがあなたは知らない。私はこれらの過去生に起こったことを告げよう」。「私は存在しなかったし、汝も、これらの王たちも存在しなかった」ということから始めたクリシュナが、今彼は以前にいくつかの生をもっていたと言っていることをご覧なさい。しかしクリシュナは、そう見えるけれども、矛盾したことは言っていないのです。彼はアルジュナの外観にしたがって、彼のレベルからものを言っているのです。バイブルの中にそれに対比されるような一節があります。そこでイエスは、イエスはアブラハムに、アブラハムはモーゼにといったように真理を教えたと言っています。賢者たちの教えは、そのとき、その場所その他の環境に適合しているのです。

われわれに開かれた二つの道、バクティとジニャーナがあります。バクタ（バクティの道に従う人）は神に身を任せ、かれの保護の中に安全に休息します。ジニャーニ（ジニャーナの道に従う人）は真我のほかに何ものもなく、その中で幸福にとどまっていることを知っています。これらのコースの一方は、他方としっかり付着していなければなりません。

質問者　道から外れたとき、われわれは何をすべきですか。

マハルシ　最後にはすべてうまくいくでしょう。転倒あるいは崩壊の後、再びあなたの足で立ち上がる確固とした決意があります。徐々に障害は弱められ、あなたの流れがより強くなります。ついには万事が都合よくいきます。必要なことは確固とした決意なのです。

質問者　性癖が私を悩ませます。それを捨て去ることができますか。

マハルシ　できます。他の性癖がそれを行ないます。それができることを信じなさい！　できることを信じたがゆえにできたのです。性癖によって束縛されないが、しかもなおその核心であるそれに集中することができるのです。

一人の信奉者が落胆していた。

マハルシ　「誰が落胆しているのか」という問いを発しなければなりません。それは、そのような想念の餌食になっているエゴの妄想なのです。眠りの中で人は悩まされることはありません。眠りの状態が正常な状態なのです。探求して発見しなさい。瞑想中に人はある種の平安を見いださないでしょうか。それが進歩の前兆なのです。その平安は修練を続けるにつれていっそう深く、いっそう長くなるでしょう。それはまたゴールに導くでしょう。

あなたは無知であるとあなたが言うのですから、あなたは賢明なのです。そしてそれは、無知を取り除くためのあなたの道をより容易にします。私は狂っているという狂人がいるでしょうか。

欲望の制御と瞑想は相互依存の関係にあります。それらは手をたずさえて進んでいくはずです。アビヤーサ（abhyasa　修練）とヴァイラーギャ（vairagya　離欲）が成果をもたらします。ヴァイラーギャは外部に突出していこうとする心を抑え、アビヤーサはそれを内部に向き直らせて保持しつづけるはずです。制御と瞑想の間には、内部での不断の闘争があります。瞑想は最後には成功するでしょう。

もしあなたがハート全体でもって神を探求するならば、神の恩寵もまた、あなたを探し求めることに、あなたは確信をもっていいでしょう。

集中

質問者　集中は霊的修練（サーダナ　sadhana）の一つですか。

マハルシ　集中とは一つのことだけを思うことではありません。むしろそれは、われわれの本当の性質を心に描くのを妨げるすべての他の想念を取り去ることです。われわれのすべての努力は、無知のヴェールをはぎ取る方向にのみ向けられます。現在、想念を鎮めることは難しいように見えるかもしれませんが、霊的に再生した状態では、想念を活動的にする方がむしろ困難であることを発見するでしょう！　なぜわれわれはこれらのことを考えねばならないのでしょうか。真我だけがあります。諸々の想念は対象物があるときにだけ機能することができます——しかし対象物がないときには、いったいどのようにして想念が生じることができるのでしょうか。習慣がわれわれに考えることをやめるのは困難であると信じさせるのです。もし思い違いに気づいたならば、人は不必要な努力を払うほど愚かではなくなるでしょう。

質問者　しかし、心はわれわれの制御からこっそりと立ち去っていきます。

マハルシ　それはそうかもしれません。そのことを考えないようにしなさい。あなたが思い直したならば、心を取り戻し、それを内部に向き直らせます。それで十分なのです。努力なしには誰も成功しません。心の制御は人が生まれつきもっているものではありません。少数の人が忍耐のおかげで成功を収めることができるのです。

質問者　私は集中が困難だということを知っています。

マハルシ　修練を続けなさい。あなたの集中は呼吸と同じくらい容易にやってくるにちがいありません。あなた自身を一つのものに集中させ、それにしっかりとつかまっていなさい。すべてはうまくいくでしょう。

瞑想は一つの想念に固執することです。そのただ一つの想念が、他の諸々の想念を遠ざけます。雲散霧消する心はその弱さの現われです。絶え間のない瞑想によって、心は強さを獲得します。すなわち、心は想念がさまよい歩くという弱さを捨て去るのです。

心

注意が対象物と知性に向けられているとき、心はこれらのものにのみ気づいている。それがわれわれの現状である。しかし、われわれが内部で真我に気がつくとき、われわれはそれだけを意識するようになる。それゆえ、それはすべて注意力の問題である。われわれの心は非常に長い間外的な事物に注意を向けてきた。外的な事物が心をとりこにし、それをあちらこちらに引きずっていく。

もし心がさまよい歩くと、われわれはただちに自分が身体でないことを知り、「私とは何か」を探求しなければならない。そうすれば心は連れ戻され真我を知るようになるに違いな

い。こうしてすべての災いは打ち砕かれ幸福が実現される。

質問者　心は気まぐれでさまよい歩きます。どのようにしてそれを制御できますか。

マハルシ　もしあなたが、ただちに注意を「この気まぐれが起こっている人は誰か」という探求に向けるならば、あちこちと転げまわる心は静止するでしょう。

質問者　心を制御するためには、どんな特別の手段が役に立つでしょうか。

マハルシ　それは個々の環境によって異なります。バクティ、カルマ（karma　行為）、ジニャーナそしてヨーガはすべてその手段です。あなたはかれを知ることなしに神を愛することはできませんし、かれを愛することなしにかれを知ることもできません。愛はあなたの行なうすべての物事の中に現われます。それがカルマです。正しい心の態度（ヨーガ）を採用することは、あなたが適切な方法で神を知りまた愛することができる前に予備的に必要なことなのです。

質問者　私には心の平安がありません。

マハルシ　平安は私たちの本当の性質です。それは獲得する必要がありません。われわれの想念は必ず消滅されます。『ギーター』の中で述べられている方法は、それを行なうための一つの方法です。

心が道に迷ったときにはいつでも、心を瞑想に連れ戻しなさい。

質問者　私は自分の心を瞑想にもっていくことができません。

マハルシ　象が束縛されていないとき、鼻をあちこちと動かし、落ち着きがないように見えます。しかし鎖で縛られているとき、鼻は静かになっています。同様に目的がないと心は落ち着きがありません。もし目的が定められるとそれは落ちついています。サムスカーラ（samskara　過去から続いている心の印象または傾向）がある限り集中は不可能です。バクティもまた妨げられます。修練と冷静さが要求されます。冷静さとは拡散された想念がないことであり、修練とは一つの想念だけに集中することです。揺らぐことのない根気強さも要求されます。一つは瞑想の積極的な面であり、他は否定的な面です。

そうです、私たちの心は弱いのです。「恩寵」と呼ばれる助力が必要なのです――グルはこのためにのみ存在します。強い心をもった人（グル）が存在するところでは、弱い心はいっそう容易に制御されるようになります。あるのは恩寵なのです。それ以外には何も存在しません。

質問者　しかし、私はどのようにして想念を制御することができるのですか。

マハルシ　心が波打っているのは、想念という形で心のエネルギーを浪費しているために、心が弱くなっているからです。一つの想念に心を固着させることができれば、エネルギーは保存され、心はより強くなります。心の強さは、『ギーター』が指摘しているように、修練によって獲得されます。最初のうちは心はたまに探求に戻ってくるだけですが、修練を続けているとよりしばしば戻ってくるようになり、ついには心はまったくさまよわなくなります。そのようにして眠っていた力が現われ、心はそれ自身を生命の流れの中に溶けこませます。

質問者　想念を取り除く最善の方法は何でしょうか。

マハルシ　心が自らを殺そうとするでしょうか。どのようにして泥棒は自分自身を捕まえることができるでしょうか。それは不可能です！　したがって、最善の方法は、あなたの本当の性質、あなたは実際に何であるかを知ろうと試みることです。われわれが自分自身を知るとき、取り除くべき想念は存在しません。

質問者　私の心は瞑想中に安定していません。

マハルシ　心がさまよい歩くときは、再三再四それを内に向き直らせなさい。心はあまりにも弱いのです。修練によって、想念をただ一つにすることによって強くしなさい。

質問者　どのようにして心を制御することができるでしょうか。

マハルシ　二つの方法があります。一つは、心とは何であるかを知ることです。そうすればそれは静かになるでしょう。第二の方法は、何かほかのあるものに焦点を合わせることです――そうすればその優位にある考えがすべてのほかの考えを除去するでしょう。焦点を合わせる対象は個人によってさまざまです。

想念を制御している間、意識をはっきりさせておくことが必要です。さもないと眠りに誘われていくことでしょう。プラーナーヤーマのあと、プラティヤーハーラ（pratyahara　制感）、ダーラナ（dharana　集中）、ディヤーナ（dhyana　瞑想）、サマーディ（samadhi　真我への吸収）についてさえ強調して指摘されているように、意識をはっきりさせておくことが主要な要因です。プラーナーヤーマは心を安定させ、想念を鎮めます。どうしてこれで十分ではないのでしょうか。そこでは意識することが必要不可欠な要因だからです。このような状態は、モルヒネやクロロフォルムなどを摂ることによっても似たものが作りだされますが、しかしそれらは解放の喜びに導くものではありません。

瞑想は他の想念を追い払う一つのアプローチです。神についての一つの想念は他の想念の上に君臨するでしょう。それが集中です。瞑想の目的は、そのように、ヴィチャーラ（vichara　探求）の目的と同じです。

質問者　瞑想を実行し心に打ち克つことは、なぜそんなに難しいのでしょうか。

マハルシ　われわれを妨げる過去のヴァーサナ（vasana）のためです。しかし努力は続けねばなりません。

質問者　心はどのようにして静かにさせるべきですか。

マハルシ　ヴィチャーラだけがそれをもたらすでしょう。あなたはハートの中に身体を見ますし、その中に世界を見ます。それを離れて何ものもありません。したがってすべての努力はその場所に置かれます。

ティルヴァンナマライへの異なった道があります。しかし、どのような道を通ろうとも到着するティルヴァンナマライは同じです。同様に、真我へのアプローチは個人の性格によってさまざまです。しかし真我は同じです。

質問者　繰り返して試みても、なぜ心を内部に向き直らせることができないのですか。

マハルシ　それはアビヤーサ（修練）とヴァイラーギャ（冷静さ、離欲）によってなされ、しかし緩慢にのみ成功します。心は非常に長い間、外部に向かうことに慣れてきましたので、内部に向き直らせることは容易ではありません。他の広い地所で放牧されることに慣れてきた雌牛を牛舎に閉じこめておくことは容易ではありません。しかし、その保有者はよい味と香りをもった草とよい飼料を与えてそれを試みます。牛は最初は拒否しますがそのうち少量を食べます。しかし、そのさまよい歩くという生来の傾向が自己の力を現わし、するりと逃げだしてしまいます。所有者によって繰り返し試みられると、牛は牛舎の一区切りの中にいるよう習慣づけられます。最後には、たとえ自由にさせておいても、牛はさまよい歩くことはなくなります。心についても同様です。ひとたび心が内部に幸福を見いだすと、それは外部にさまよい出ることはないでしょう。

瞑想と探求

これ（ヴィチャーラ）は唯一の直接的な方法であり、その他の方法は真我の探索になじむことのできない人びとにとってのものである。この道はすべての中で最高のものであり、上達した求道者にとってのみ適している。他の道に従う人びとは、彼ら自身の道において上達するまで、この道のための準備はととのわないだろう。このように、彼らがこの最高の道に

連れて来られるのは、グルであろうと真我その他のものであろうと、本当は恩寵によるものなのである。もちろん、彼らは前世において他の道を修練し、そしてこの道のための準備を整えて生まれてきたのかもしれない。

他のものは異なった方法を試みて進歩した後、最後に真我探求に転じる。しかしすべての道の最終段階は同じであり、それはエゴの放棄である。

この道（アートマ・ヴィチャーラ　atma vichara　真我の探求）は直接的な道であり、すべての他の道は間接的である。アートマ・ヴィチャーラは真我に導き、他の道はどこか他のところに導く。そしてたとえ他の道が真我に到達したとしても、それは、最後にはゴールに導く探求の最初の道に、たまたま到達したからにすぎないのだ。

そのように、もし最後には求道者がこの道を採用しなければならないのならば、なぜ今そうしないのだろうか。なぜ時間をむだにするのだろうか。

質問者　瞑想と真我探求との違いは何でしょうか。

マハルシ　瞑想はエゴが保持されているときにのみ可能です。そこにはエゴと瞑想される対象があります。この方法は間接的です。しかし、もしわれわれがエゴの源を探求し、エゴが消えれば、残っているものが真我です。この方法は直接的なものです。

質問者（別のときに）　瞑想とヴィチャーラの違いは何でしょうか。

マハルシ　瞑想は外的あるいはその他の対象に対してなされます。このように主体と対象は異なるものです。ヴィチャーラにおいては、主体も対象も同じもの――真我です。

質問者　なぜアートマ・ヴィチャーラが必要なのですか。

マハルシ　もしあなたがアートマ・ヴィチャーラを行なわないときには、ローカ・ヴィチャーラ（世俗世界の事柄について考えをめぐらせること）が忍びこんできます！　目に見えていないものが探し求められますが、明らかなものは探求されないのです。あなたが探しているものを発見したとき、探求もまた中止され、あなたはその中で休息します。

質問者　道とは何ですか。

マハルシ　方法は何でもかまいません。どの方向から巡礼者が集まってきても、彼らはただ一つの通路によってカーバ（注）に入らなければなりません。

（注）カーバ（kaaba）聖なる黒い石を収容している、メッカにある神聖な建物。

質問者　人びとはさまざまな方法について話します。どの方法がもっとも容易なのでしょうか。

マハルシ　個人の性質によってさまざまな方法が容易であると思われます。それは、その人が以前何を修習したかによります。

質問者　ジニャーナ（知識）の道とは何ですか。

マハルシ　ヨーガもともに心の集中を助けるという理由で似ています。ヨーガは個人と宇宙的存在との結合をねらいとしています。ヨーガはそれ自体、すべての目的である真我の実現を助けるものの一つです。この実在は新しいものではありません。それは現在でさえも存在しなければなりません。それゆえ、ジニャーナはどのようにして分離が生じたかを発見するための試みです。

◆　◆　◆

思考活動は脳、したがってエゴのまわりに集中されます。それはそこでハートからの血液によって栄養を与えられます。したがって思考は最終的にはハートから流れ出るものです。真我探求において、心の活動が存在せず、また真我の意識も行きわたっていない、熟睡、昏睡、失神などの中間的な領域が存在します。心はまずその落ち着きのない状態から解放され、習慣的に内面を見るよう慣らされるべきです。

そのように第一の段階は外的世界への無関心であり、第二の段階は内省の習慣をつけることです。外的現象のはかない本性を悟ることがこの無関心さを導き、このようにして富、名声、快楽などへの軽蔑が生じます。そうして「私」という想念が探求によって点検され、その源がハートへとたどられます。

瞑想の対象

催眠術的な方法はヨーガのサマーディをもたらすために賢明な方法ではない。光を凝視することは一時的な強硬症*を引き起こして心を麻酔させ、永続的な利益を保証するものではないからである。

＊訳注　精神医学の用語で、感覚がなくなり、筋肉の硬直したままの状態が続く。

心に描かれた神の像は、瞑想者が真我の中に没入するまで瞑想対象として用いられるかもしれない。その後は像はひとりでに小さくなり、そして神は世界＝幻影の一部として消え失せるだろう。至高の真我だけが瞑想の対象であることができるのである。

正確に言えば、瞑想は真我の中に不動のままでいることなのだ。しかし想念が心を横切り、そしてそれを除去しようとする努力がなされるとき、その努力が「瞑想」と名づけられるのである。あなたのあるがままにとどまっていなさい。それが目的なのだ。瞑想は想念が遠ざけられている、という限りにおいて消極的なものである。

あなたのまわりのすべてのことと同様に、あなたの心の中に神をもちつづける修練は、ディヤーナ（瞑想）になる。これは真我の中にのみとどまる真我実現の前の段階である。ディヤーナはそれに先行しなければならない。あなたが神に対して瞑想を行なうか、真我に対して瞑想を行なうかは重要ではなく、ゴールは同じである。

質問者　何に対して瞑想すべきですか。

マハルシ　瞑想者は誰ですか。まずそれをたずねなさい。瞑想者としてとどまるなら、瞑想する必要はありません。これはディヤーナへの障害となる行為者という感覚です。

質問者　何に対して瞑想するのですか。

マハルシ　あなたの好きなものなら何でもよいのですが、しかしあなたは一つのことに執着すべきです。黙想は戦いを含んでいます。あなたが瞑想を始めるやいなや、他の想念が押し寄せ、力を集中して一つの想念を弱らせようとするでしょう。修練を繰り返し行なうことによって、一つの想念が力を獲得しなければなりません。瞑想中にこの戦闘がつねに行なわれます。心の平安は、黙想によって多種多様な想念をなくすことを通じてもたらされます。ひとたびディヤーナがうまく定着すると、それをやめることができず、あなたが仕事や遊びを行なっているときにさえ、また眠りの中においてさえ、それは自動的に進行していくでしょう。それがあたかも天性であるように、深く根づくようにならなくてはなりません。

質問者　私は「アハム・ブラフマスミ（aham Brahmasmi　私はブラフマンである）」について瞑想しています。少しした後、空白が行きわたり、私の脳が熱くなり、死の恐怖を覚えます。あなたの導きがほしいのです。

マハルシ　誰がこの空白を見るのですか。空白を見渡している意識は真我です。死の恐れは想念が生じた後でだけやってきます。あなたは誰の死を恐れているのですか。誰に恐れがあるのですか。真我と身体との同一視があります。それがある限り、恐れがあるでしょう。

アハム・ブラフマスミは一つの想念にすぎません。誰がそれを言うのですか。ブラフマンはそう言いません。そう言うことは彼にとってどんな必要があるのですか。本当の「アハム（私）」はそう言うことができません。というのはアハムはブラフマンとしてとどまっているだけなのですから。そう言うことは一つの想念にすぎないのです。それは誰の想念ですか。すべての想念は非実在のもの、つまりエゴから来ています。考えることなくとどまっていなさい。想念がある限り恐れがあるでしょう。想念がある限り、たとえそれが「私はブラフマンである」であったとしても、忘れやすさはあるでしょう。

アハム・ブラフマスミは集中のための助けにすぎません。それは他の想念を寄せつけません。その一つの想念だけが持続します。それは誰の想念なのかを知りなさい。それは「私」から生まれていることを発見するでしょう。「私」という想念はどこに発生するのですか。それを突き止めなさい。「私」という想念は消え失せるでしょう。至高の真我がそれ自身で輝くでしょう。無理なく自然に、一つの本当の「私」が一人でとどまっているとき、「私はブラフマンである」と言うことはないでしょう。人は「私は人である」と言うでしょうか。弁明を要求されない限り、なぜ彼は自分自身で人であると言明しなければならないのでしょうか。誰かが彼を野獣であると見誤ったとき、彼は「いや、私は野獣ではない、私は人である」と言わねばならないのではありませんか。同様に、ブラフマンあるいは「私」が一人で存在しているとき、弁明を要求する人はおらず、それゆえ「私はブラフマンである」

と言う必要はないのです。

質問者　瞑想の対象として形を用いることは二元性に基礎をおいています。どのようにしてそれが神でありうるのですか。

マハルシ　そのような質問をする人はヴィチャーラ（探求）の道を採った方がよいでしょう。形は彼には向きません。

質問者　私の瞑想中に空白が現われます。私は形を見ません。

マハルシ　もちろん。誰が空白を見るのですか。あなたはそこにいるはずです。空白を目撃している意識があります。

質問者　それは、私がますますいっそう深く進んでいかねばならないということですか。

マハルシ　そうです。あなたが存在しないときは一瞬たりともありません。

質問者　対象が見えるか見えないかということは、どのように主体に影響しますか。

マハルシ　もし光――それは認識者あるいは意識です――が見えるならば、見られるべき対象はないでしょう。純粋な光すなわち意識は、それだけでとどまっているでしょう。光が見えたというだけでは十分ではありません。心が一つの活動だけに従事していることが必要です。

質問者 われわれがタパス（tapas 苦行）を行なうとき、どのような対象に視野を固定すべきですか。われわれの心はわれわれが口にするものに固定されています。

マハルシ 何のためのタパスですか。

質問者 真我探求のためのものです。

マハルシ まったくそのとおりです。タパスは人の適性によってさまざまです。人は黙想のための形を必要とします。しかしそれだけでは十分ではありません。なぜなら一つの像（イメージ）を絶えず注意して見つづけることのできる人は少ないからです。そこで像はジャパ（マントラを繰り返し唱えること）によって補われねばなりません。ジャパとは心を像の上に固定する助けとなります。これらの努力の結果は心の集中であり、それはゴールで終わります。人はその人が考えるものになります。若干の人びとは像の名で満足します。すべての形が名をもつに違いありません。その名が神のすべての特性を示します。絶えざるジャパがすべての他の想念を追い払い、心を固定させます。それがタパスです。質問はタパスが何の目的に役立つかを知るためになされました。どのような形が必要とされようとも、それは真我実現の目的のためになされるでしょう。肉体的な禁欲生活もまたタパスであり、それはヴァイラーギャ（離欲）のためです。

質問者　私は一生ずっと腕を上げつづけている人を見ました。

マハルシ　それはヴァイラーギャです。

質問者　なぜ人はそのような仕方で身体を苦しめねばならないのでしょうか。

マハルシ　あなたはそれを苦しみと考えるが、彼にとってはそれは達成と満足の感覚をもたらす誓いなのです。

質問者　どんな瞑想が私に役立つでしょうか。

マハルシ　一つの対象への瞑想は役に立ちません。こういうわけで、あなたは主体と対象が一つであることを悟るよう習熟しなければなりません。対象への瞑想において、あなたは単一性というその感覚を破壊し、二元性を作り出しているのです。真我に対してだけ瞑想しなさい。あなたではない、感情はあなたではない、知性はあなたではないということを悟るよう努めなさい。身体はあなたではない、これらのすべての想念が静かになったとき、あなたはそこにある何か他のものを発見するでしょう。それにしがみつきなさい。そうすればそれが現われるでしょう。

質問者 しかし私がすべてのものを静かにさせたとき、私はほとんど眠りに落ちこんでしまいます！

マハルシ それは重大事ではありません。あなた自身を眠りのような深い状態に置きなさい。そしてそのあとじっと注意し、意識して眠っていなさい。そのとき、一つの意識だけがあります。

ジャパ

ジャパ（japa 心であるいは声を出してマントラを繰り返すこと）はそれが天性になるまで行なわなければならない。はじめは努力が必要だが、後には自動的に行なわれるようになる。それが天性になったとき、それが真我の実現である。ジャパは他のことに従事しているあいだでさえ行なわれるかもしれない。バクティ、ヴィチャーラ、ジャパはすべて最終的にはそのたった一つの実在の中に分解していく。それらは、実在でないものを中に入れないた

めの、種々の道具にすぎない。われわれは非実在的なものに今悩まされている。実在がわれわれの本当の性質なのだ。われわれは誤って非実在的なもの、すなわち想念や世俗的な活動にこだわりつづけている。これらのことが休止されると真実が現われるだろう。われわれの努力はそれらを締めだすことに向けられている。それは実在のみを考えることによってなされる。それはわれわれの本当の性質であるけれども、それはわれわれがあたかも実在を考えているように見える。われわれが実際に行なっていることは、真の存在を明らかにするための障害を取り除くことになっているのだ。ヴィチャーラの瞑想は、このようにわれわれの本来の性質へ戻ることなのである。

質問者　私がジャパを続けることに何か害がありますか。それとも、私はむき出しの「私は誰か」という探求だけを行なうべきだ、ということが重要なのでしょうか。

マハルシ　いいえ、あなたは想念の源をたどること、あるいはジャパまたはマントラを行なうことができます。そしてあなたが質問への答を得るまで、それを続けることができます。それがあなたを「私は誰か」という探求と同じ目的に導く瞑想なのです。

もしそれが瞑想でないならば、心による反復は何なのでしょうか。声を出して行なうジャパが、瞑想と同じ心によるジャパになるのです。

瞑想とハート

質問者 なぜハートに対して瞑想するのですか。

マハルシ あなたが意識を探し求めているからです。あなたはどこにそれを見いだすことができますか。あなたはそれを外部で手に入れることができますか。あなたはそれを内部で見つけださなければなりません。それゆえあなたは内面に向けられます。さらに言えば「ハートは意識の座にほかならない」のです。

質問者 なぜ瞑想中に心がハートの中に沈んでいかないのですか。

マハルシ この質問は人が瞑想を始め、困難を見いだしたときにのみ発せられるものです。ほんの少しプラーナーヤーマを実習してごらんなさい。心は浄化されるでしょう。いまハートが沈んでいかないのは、サムスカーラ（samskara）が障害となっているからです。その障害はプラーナーヤーマあるいは存在すなわちサットサン（satsang）によって取り除かれます。漂流している身体はそれ自身では進んで沈まないものです。しかし、プラーナーヤーマは心を平静にさせますが、心は平安なときでも敏感で、絶えまなく瞑想を続けなければなりません。そうすれば心はハートの中に沈んでいくでしょう。あるいはまた漂流している身体が重荷を負わされ沈められることがあるかもしれません。心がハートの中に沈められるとき、それはどのようにサットサンと関連するのでしょうか。サットサンは外部と内部の両方から働きます。外部から目に見えるグルが心を内部へ押しこみます。グルは求道者たちのハートの中にもいて、そこで心を内部に向き直らせて、ハートの中へ引っぱっていきます。

実際には、心はつねにハートの中にあるものですが、サムスカーラに基づいて落ち着きがなく動きまわっています。サムスカーラが無力になるとき心は平安の中にあるでしょう。プラーナーヤーマは一時的に心を静かにするだけでしょう。それはサムスカーラのためです。もし心をアートマカーラ（atmakara　真我の中に定住すること）にできたならば、それはもはや悩みをもたらすことはないでしょう。それは瞑想によって成し遂げられます。

質問者　心がハートの中にあるとき、どのようにしてすべての想念が活動をやめるのですか。

マハルシ　意志の力と、師の教えの効果への強い信頼をもつことによって。

瞑想とカルマ

「静かにして私が神であることを知りなさい」。あなたがこの助言に従おうとするやいなや、あなたの性向と根深い生来の習慣との規則的な戦いが始まるだろう。

質問者　過去のカルマによって瞑想の際のわれわれの努力が妨げられるとすれば、どんな矯正法があるでしょうか。

マハルシ　人がこのような空想的な恐れの中に身を投ずることは無意味なことです。将来と過去のカルマは外的な世界に関係しています。これらのカルマはあなたを妨げることはないでしょう。恐れることなくあなた自身の中にもぐりこみなさい。重大な障害を自分で作り出しているのは、それを障害だと考えることなのです。

瞑想と真我

われわれは皆、自分の源に戻らねばならない。すべての人間は自分の源を探し求めているし、いつかある日そこにやってくるにちがいない。われわれは内部からやってきた。われわれは外部に出ていったが、いまや内部に戻らなければならない。瞑想とは何か。それはわれわれの生来の真我である。われわれは想念と激情でわれわれ自身をすっかり覆ってしまった。それらを脱ぎ捨てるために、われわれは一つの想念、真我に対して集中しなければならない。

真我は強力な磁石のようにわれわれの内部に隠されている。それはわれわれを徐々にそれ自身へ引きつける。われわれは自分でそれのところへ行こうとしているように想像しているけれども。われわれが十分それに近づいたとき、それはわれわれの他の活動を終わらせ、われわれを静かにさせ、そしてわれわれ自身の個人の流れを吸いこみ、そのようにしてわれわれの個性を殺す。それは知性を圧倒し、全存在に充満する。われわれはそれに対して瞑想しており、それに向かって発展していると思っている。ところが真実は、われわれは鉄の削りくずのようであり、それ自身に向けてわれわれを引っぱっているのはアートマンである磁石なのだ。このように真我発見のプロセスは神の磁化作用の形をもつ。

一日中習慣としていつまでも続けられるような状態が生ずるまで、頻繁に規則的に瞑想を実行することが必要である。それゆえ、瞑想しなさい！

あなたの瞑想の心構えが生得のものとならなかったがために、またヴァーサナ（vasana）が繰り返し生じてくるがために、あなたは至福を見失ったのだ。あなたが習慣的に熟考するようになったとき、霊的至福を自然に体験できるようになる。アートマンの目標に到達するのは、「私は身体ではない」ということをただ悟ることによってではない。われわれは王様を一度見て知るだけで、王族になるだろうか。人は絶えずサマーディ（samadhi）の状態に入り、その真我を知り、真我を知る前に古いヴァーサナと心を完全に絶滅しなければならない。

もしあなたが真我への思いをもちつづけ、一心にそれに注意を向けるならば、集中において焦点として用いてきた一つの想念さえ消え失せ、そしてあなたは、「私」あるいはエゴをもたない本当の真我、ただあるだけだろう。

真我に対する瞑想は、われわれの生まれつきの状態なのだ。それは、われわれがそれを恣意的で特別な状態であると思い描くことが難しいと感じているからにほかならない。われわれはすべて、生まれつきの本来の状態にはない。真我の中に安息している心がその本来の状態なのだ。しかしそうではなくて、われわれの心は外部の対象の中に安息している。

名と形を取り除き、存在、知識、至福の状態にとどまった後に、再び心の中に戻っていくことを許さないように気をつけなさい。
真我に対する瞑想のあいだに、想念は実際、ひとりでに消えていくのである。瞑想はさまざまな対象に向けることができるが、本当の真我に向けられたとき、それは最高の対象に、あるいはむしろ主体に向けられているのである。

質問者　実在の中に見られるものは何もありません。

マハルシ　あなたは自分自身を身体と、また見ることを目と同一視するから、あなたは何も見ないというのです。そこで見られるのは何ですか。そこで見るのは誰ですか。あなたはどのようにして見るのですか。「私」という想念として現われ、それ自身を身体と同一視し、目を通してそれ自身を投影し、周りに対象を見ている一つの意識だけがあります。個人は目覚めの状態に限定され、何か異なったものを見ることを期待します。彼の感覚の証拠が権威の印章なのでしょう。しかし、彼は、見るもの、見られるもの、見ることのすべてが同じ意識の表われであることを認めないでしょう。
　瞑想は幻影を取り除くことを助けます。真我が見られるに違いありません。あなたは今どのようにして「私」を見るのですか。あなたはあなた自身の前で鏡を手に持って、あなた自身の存在を知るのですか。自覚が「私」です。それを悟りなさい、それが真実です。

質問者　なぜ、あるときには真我に集中することが非常に容易であり、また他のときには絶望的なほど難しいのでしょうか。

マハルシ　ヴァーサナのためです。しかし実際は、われわれは真我ですから容易なのです。われわれがしなければならないすべてのことは、それを思い出すことです。われわれはずっとそれを忘れたままでいます。そして、われわれはこの身体であるとか、このエゴであるとか思っているのです。もし真我を忘れずにいようという意志と欲求が十分に強いならば、最後にはヴァーサナを克服するでしょう。真我が実現されるまで常時内側で大きな闘争が展開されるに違いありません。この闘争は聖典の著作の中では神と悪魔のあいだの戦いとして象徴的に語られています。われわれの原典、『マハーバーラタ』の中では、アシュラ（asura　悪魔）がわれわれの悪い想念を、デーヴァ（deva　神）がわれわれの高められた想念を代表するものです。

質問者　どのようにして人はこの実現を早めることができますか。

マハルシ　人が本当の「私」を知ろうと努めるにつれて、対象への執着と退化しつつある想念が徐々になくなっていきます。人が真我を忘れないようにすればするほど、ますますその特質は高められ定着していきます。最後には実現がやってくるでしょう。

質問者　「私は神である」という想念は役に立ちますか。

マハルシ　私はある（I AM）*というのは神です——想念ではありません！　私はあるをよく理解し、「私は……である」を考えないようにしなさい。それを知りなさい、それを考えてはいけません！「私は私があるということだ（I am that I am）」とは、人が「私」としてとどまらねばならない、ということを意味します。人はいつもその「私」であるだけで、他の何ものでもありません。

ペットのリスが走って外に出る機会をうかがっていた。

マハルシ　すべてのものが飛びだしたいと思っている。出ていくのに制限はないのです。幸福は内部にあり、外部にあるのではないのです。

＊訳注　I AMとはモーセが問いに対して答えた神の名前（旧約聖書、出エジプト記）。

第4章

サマーディ

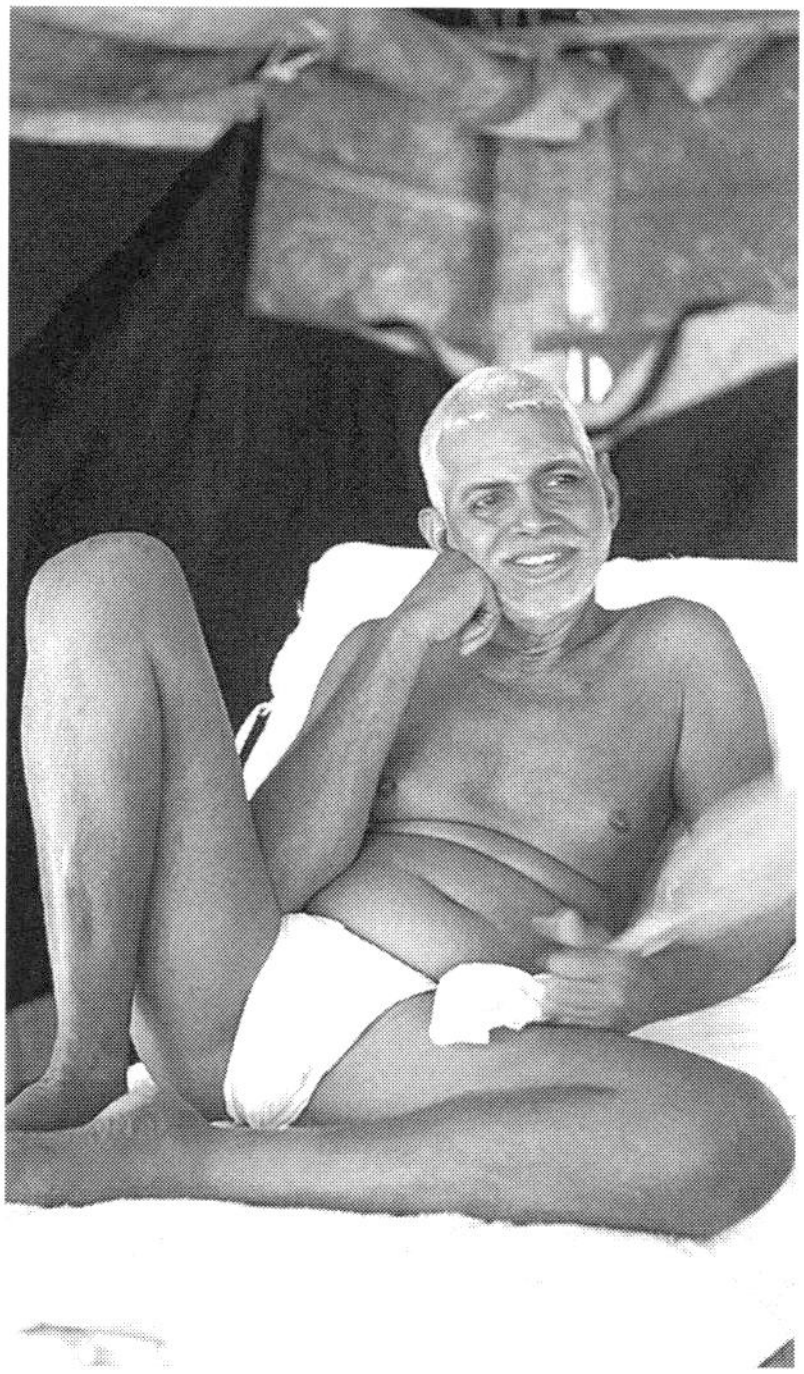

瞑想にとって最後の障害はエクスタシーである。あなたが大きな至福と幸福を感じるとき、性向としてそのエクスタシーの中にとどまろうとする。この誘惑に負けないで、そこを通り過ぎ、本当の意味での平穏である第六段階へと進みなさい。平穏はエクスタシーよりもいっそう高く、それはサマーディ（samadhi　真我への吸収）の中に溶けこんでいく。うまくいったサマーディは、あなたがつねに意識であるとき、あなたを目覚めた睡眠状態に包みこんでいく。というのは意識はあなたの本性だから。それゆえ人はつねにサマーディの中にある。ただ彼らがそれを知らないだけなのだ。すべての人がなさねばならないことは、私が今言及した障害を取り除くことなのだ。

質問者　サマーディの中で想念がありますか、それともありませんか。

マハルシ　「私がある」という感じだけで、その他の想念はないでしょう。

質問者　「私がある」は想念ではないのですか。

マハルシ　エゴのない「私はある」は想念ではありません。それは真我の実現です。心の平安を達成することはより容易でまもなくやってきますが、しかし終極的な目標は心の消滅です。大部分の道は心の平穏に導きますが、真我の探求はすばやくそこに到達し、心の消滅に導きます。どこに心が起こってくるか、あるいは誰が心を静かにしているのかを発見しなさい。そうすればあなたは成功するでしょう。

質問者　内的なサマーディと外的なサマーディとの間に違いがありますか。

マハルシ　はい、あります。外的なサマーディは、内部からそれに反発することなく世界を目撃している間の静けさです。それは静かな海のようですが、一方内的なサマーディは、むらのない炎のようなものです。サハジャ・サマーディ（sahaja samadhi）はその炎と大洋との同一視です。

質問者　サマーディにおいては、人は身体意識を失いますか。もしそうなら、どのようにしてなんらかの違いがありうるのでしょうか。

マハルシ　身体意識とは何ですか。それを分析しなさい。身体と意識は、それに限定されたものとしてあるにちがいなく、それがともに身体意識を作り上げているのです。これらは、絶対的で他から影

サヴィカルパ・サマーディの説明

外的	内的
心は一つの対象から他の対象へと跳び移る。それをこれらの対象の背後にある実在に固定しつづけておきなさい。	心は願望・情欲・怒りなどによって悩まされる。どこからそれらが生じてくるのか、どのようにそれらが存在しているのかを知りなさい。それらの源にしっかりつかまっていなさい。
これらの諸対象は、単一の実在の起源から生まれてきたといわれている外的現象である。その起源を探し、それにしっかりとつかまっていなさい。すべてのつかのまの表われとしてとどまっているものの根底にある一つの実在と合一しなさい。	これらは内部の実在から生じてきた諸様式であり、それ自身の表われである。その実在にしがみつきなさい。すべての想念などを引き起こし、他の何ものであるかに気づかずにとどまっている一つの実在である深奥の存在と合一しなさい。
この状態は、水が静かで穏やかである波のない大洋にたとえられる。	この状態はどんなそよ風によっても影響されないで静かにむらがなく燃えている炎にたとえられる。
すべてこれらのサヴィカルパ・サマーディの四つの種類*は、努力を伴う。	これらの種類のニルヴィカルパ・サマーディ (nirvikalpa samadhi) がともに努力なくなされているとき、外的サマーディの波のない大洋と内的サマーディのむらのない炎とは同一であることが理解され、その状態はサハジャ・サマーディ (sahaja samadhi) と言われる。

＊訳注　この表は不完全であり、サマーディの4つの種類については、
"*Talks with Sri Ramana Maharshi*" by Munagala Venkataramiah 359頁を参照。

響されないもう一つの意識の中にあるにちがいありません。その意識にしがみつきなさい。それがサマーディです。サマーディは身体意識を超えていますから、身体意識がないときに存在しますが、それはまた身体意識があるときにも存在します。それはつねにそのようにしてあるのです。身体がなくなっているかあるいは残っているかということは、どういう問題なのでしょう。なくなっているとき、それは内的サマーディであり、残っているとき外的サマーディなのです。それがすべてです。

質問者　しかし、心は一瞬たりともサマーディの中へ沈んでいきません！

マハルシ　心と現象を超える「私は真我である」という強い確信が必要なのです。

質問者　それにもかかわらず、心は、心を沈めようと試みるとき、コルクであることを証明しています。

マハルシ　心が活動的であってもどうして問題なのですか。それは真我の実体の上で活動的であるにすぎないのです。心が活動している間にも真我にしがみついていなさい。

質問者　あなたはニルヴィカルパ・サマーディの中に入っていますか。

マハルシ　（一般的に言って）もし目が閉じられていれば、それはニルヴィカルパです。もし目が開いていれば、それはサヴィカルパです**（これらはともに一時的な状態である）**。永遠に存在し、最終的な状態が本来のもの、サハジャ（sahaja）です。

質問者　途切れることのない真我への黙想の結果としてサマーディに浸っている人の肉体は、不動になる必要はないと私は主張します。それは積極的であるかもしれませんし、あるいは消極的であるかもしれません。他の人びとは肉体的な活動は確実にニルヴィカルパ・サマーディあるいは不動の黙想を妨げると断言します。あなたのご意見はどうですか。

マハルシ　あなた方はどちらも正しいのです。あなたはサハジャ・ニルヴィカルパについて言っていますし、他の人はケーヴァラ・ニルヴィカルパについて言っています。ケーヴァラの場合、心は真我の光の中に没入しています。主体は一方と他方を区別しており、そこでは活動があります。身体の運動、見る運動、生命力の運動、心の運動と、対象と活動の認知は、彼にとっては障害物です。しかしサハジャにおいては、心は真我の中に溶解され、消え失せてしまっています。したがって私が前に指摘した相異と障害はここにはありません。そのような存在（人）の活動は、眠っている子どもに食物を与えているようなもので――傍観者には知覚しうるが、主体には知覚されていません。動いている（去勢牛に引かれた）カートの中で眠っている御者は、カートの動きに気づいていません。なぜなら彼の心は暗黒の中に沈んでしまっているからです。同様にサハジャ・ジニャーニは、彼の身体活動に気づかないままにとどまっています。なぜなら彼の心はチッターナンダ（真我）のエクスタシーの中に溶けこんでしまっていて死んでいるからです。

二つの言葉「黙想」と「サマーディ」は、質問においてルーズに使われてきた。黙想は一つの強制された心のプロセスだが、一方サマーディは努力を超えたところにある。

眠り	ニルヴィカルパ・サマーディ	サハジャ・サマーディ
1. 心は生きている	心は生きている	心は死んでいる
2. 忘却の中に沈んでいる	光の中に沈んでいる	真我の中に溶けこんでいる
3.	ロープをつけて井戸の中に沈められているバケツのような	大洋に流入してその独自性を失った川のような
4.	ロープの他の端によって引き出されるべき状態	川は大洋から再び方向を変えることはできない

アーナンダ(ananda)は、なんらかの心の活動あるいは性格によって邪魔されていない至福です。一時的な至福と永久的な至福があります。前者の状態がケーヴァラ・サマーディ、後者がサハジャ・ニルヴィカルパ・サマーディ、すなわち本性になったニルヴィカルパの状態です。ケーヴァラ・サマ

ーディにあるジニャーニは、心の活動の休止と外的対象の消失から生じているサマーディの至福を享受します。しかし、しばらくすると心の活動が始まるので彼の至福は終わり、しばらくの間サマーディはありません。しかし、サハジャにおいては、心の活動への逆戻りはなく、至福の喪失が結果として生ずることはありません。幸福はこわされることなく、いつまでもちこたえます。身体、感覚、心は働くかもしれませんが、その人は身体の活動をほとんど意識しません。

質問者 人はニルヴィカルパ・サマーディに二十一日間とどまっていると、必然的に肉体を放棄しなければならないと言われています。

マハルシ サマーディは向こう側への消滅を意味します。身体と真我との非同一視は、自明の結論です。数千年以上の間、ニルヴィカルパ・サマーディに没頭してきた人びとがいると言われています。

i 実在につかまっているのがサマーディ。
ii 努力して実在につかまっているのがサヴィカルパ・サマーディ。
iii 実在に溶けこみ、世界に気づかずにとどまっているのがニルヴィカルパ・サマーディ。
iv 無知の中に溶けこみ、世界に気づかずにとどまっているのが眠り——頭はおじぎをしているが、サマーディの中にはない。
v 努力なく、原初の、純粋で、本来の状態にとどまっているのがサハジャ・サマーディ。

第5章

心

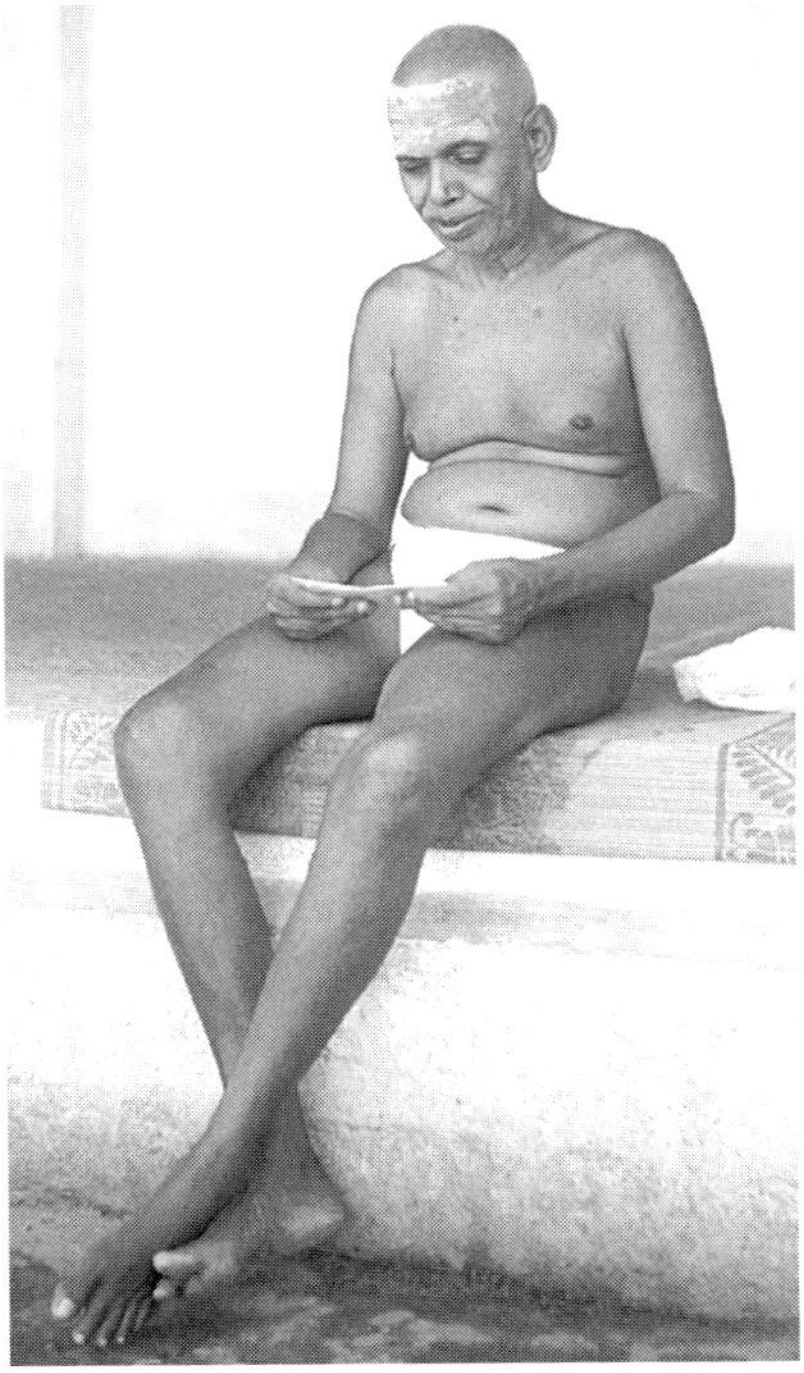

それ自体としては、われわれが「心」と呼ぶことのできる実体は存在しない。想念が生ずるがゆえに、われわれはそれから想念が生じてきた何ものかがあると想定し、そしてそれを心と名づける。それが何であるかを知ろうとわれわれが探るとき、そこには何もないことを発見する。心がそのように消え失せたあとに、永遠の平和が残る。考えること、あるいは各器官の能力を見分けることは、たんなる命名にすぎない。それが「エゴ」であろうと「心」であろうと「知性」であろうと同じである。それは誰の心か。誰の知性か。誰のエゴか。エゴは実在するか。いや、われわれはエゴによって混乱させられているのだ。そしてそれを「知性」あるいは「心」と呼んでいるのだ。

眠りに対する願望、あるいは死の恐怖は、心が活動しているときに存在し、それぞれの状態それ自身の中には存在しない。身体の存在が持続し、眠りのあとに再び姿を現わすことを心は知っている。それゆえ眠りはなんらの恐怖を同伴せず、身体のないことによって存在す

る喜びを伴う。得ようと求められる存在は何もない。一方、心は俗にいう死のあとに再び現われることに確信がない。それゆえにそれ（死）を怖がるのだ。

肉体は微細なものである心の具体的な形にすぎない。

質問者　どのようにすればわれわれは心を抑えることができますか。

マハルシ　泥棒は泥棒を引き渡そうとするでしょうか。心はそれ自身を見いだすでしょうか。心は心を探し求めることはできません。あなたは何が実在かを知りません、そして実在しない心にしがみついています。そしてまたそれが何かを発見しようと試みているのです。あなたの睡眠中に心がありましたか。それは（そのときには）なくて、今ここにあるのです。それゆえ心は永久的なものではありません。あなたは心を見いだすことができますか。心はあなたではありません。あなたはあなたが心であると思っています。ですからあなたは私に、どのようにして心を抑えられるかをたずねているのです。もし心がそこにあれば、それはチェックすることができます。しかし、ないのです。あなたは自分で調べてこの真実を理解しなさい。あなたは実在しないものを探し求めることは無益であることを発見するでしょう。――そこで実在すなわち真我を探し求めなさい。それが心を制御する方法です。

実在するただ一つのものがあります。他のすべてのものは外観にすぎません。多様性は実在の本性ではありません。われわれは紙の上に印刷された文字を読んでいますが、その背景である紙には無知です。同様にあなたは心の表われの方に連れていかれ、その背景から離れています。それは誰の誤りなのですか。

心の本質は自覚あるいは意識にほかなりません。しかしエゴが優勢であるとき、それは推理、思考あるいは感覚的能力として機能します。広大な宇宙の心はエゴによって限定されず、それゆえそれ自身から分離するものは何ももたず、ですからたんに気づいていることなのです。これは、バイブルが「私は私があるというものである」という言葉によって意味したものなのです。

質問者 困難なのは、想念のない状態にとどまっていながら、義務を果たすために必要と思われることをやりとげなければならないことです。

マハルシ 考えているのはあなた自身です。行為は自発的に起こさせておきなさい。なぜ困難に賛同するのですか。あなたが戸外に行かねばならないとき、あなたはあなたの足を移動させるだけで、それについて何も考えないでいきます。このように状態は自動的になり、必要なときに考えが生じてきて、またひとりでに消えていきます。想念がないとき直観が働き、そして直観があなたを導くでしょう。大きな発見を成し遂げた人びとは、それらを彼らが気にかけていたときにではなく、静かにしていたときに、考えよりは直観によってそれらを行なったのです。

心の活動は、真我探求への応答がなされると休止します。あなたが神について考えているときにさえ、心はなお活動しており、それは放棄されねばなりません。ヴィチャーラ（vichara　探求）を修練している人は神と合一しており、かれについて考えるのをやめます。

知性は、それを使って多様性をはかるために使われる真我の一つの道具です。それは真我の外にあるわけではありません。もし種子が存在しなければ、どのようにして知性の表われがありうるでしょうか。

質問者　どのようにすれば言うことをきかない心が制御されるようになるでしょうか。

マハルシ　その源を探求しなさい、そうすればそれは消えていくでしょう。それとも放棄しなさい、そうすればそれは打ち倒されるでしょう。

質問者　どのようにすれば私は平安を得ることができますか。

マハルシ　平安は本来の状態です。心が生まれつきの平安を妨げます。細かく心を捜査しなさい。そうすれば心は消え、ただあなただけがあとに残るでしょう。そこで問いを発することが見通しを与えるのです。あなたはすべてを了解します。あなた自身を知りなさい、そうすればすべては知られるでしょう。あなたが自分自身から離れたとき、他の物事に疑いをもつようになります。

質問者　どのようにすれば、心を取り除くことができますか。

マハルシ　心は自分自身を殺そうとするでしょうか。心は自分自身を殺すことはできません。そこであなたの仕事は、心の本当の性質を見つけだすことです。そうすれば、心というものはないことがわかるでしょう。真我が発見されたとき、心は存在することを止めます。真我の中にとどまっていると、人は心について悩む必要はありません。

◆◆◆

あなたは今どこか他のところへ行こうとしています。そしてあなたはそこから別の場所に行こうと思うでしょうか。このままでは、あなたは旅を終えることができないでしょう。このように、あなたを駆りたてているのがあなたの心である、ということをあなたはよく理解していません。まずそれを制御しなさい。そうすればあなたはどこに行こうと幸せでしょう。ヴィヴェーカーナンダがどこかで語った次のような話が私の印象の中にあります。すなわち、「人はその影を隠そうとしても、彼が掘り起こした地面のすべての芝土を覆って影が表面に表われつづけ、それは決して隠すことはできない！」ということを発見します。それは、仮にあなたが努力して想念を隠そうとしても同じことです。それゆえ、人は想念がそこから現われてくる最低部そのものに到達しようと試み、心や願望とともにそれを根こそぎにしなければなりません。

誤った同一視が続く限り、疑いもまた続くでしょう。質問が起こりそれに終わりはないでしょう。真我でないものが取り除かれたときにのみ疑いは止むでしょう。その結果、真我の実現が現われるでしょう。そこでは疑問や問いかけをする人は誰もいないでしょう。生じてきたすべての疑いは、内部で解決されるにちがいありません。どれだけ多くの言葉にも満足を与えられることはないでしょう。考えている人にしっかりとつかまっていなさい。考えている人から離れると対象が現われ疑問が生じます。

何が見えているのですか。肉体の目ですか。いいえ、それは心です。心が目を通じて見ているとき、それは見えています。心が引っこむと、それは何も見ていません。

◆　◆　◆

エゴを超えているものが意識、真我です。眠っているとき、心は中立的になっていますが、消滅させられてはいません。中立的になっているもの（ラヤ　laya）は再び現われてきます。しかし消滅させられた心は、決して再現することはできません。ねらいは心を消滅させることでなければならず、ラヤの中に沈むことではありません。ラヤは瞑想の平安の中で起こりますが、それは十分ではありません。心の消滅は、真我から離れていない状態として認められています。今でさえ心は真我ではありません。このことを認識しなさい。

想念

真我の実現は想念とすべての心の活動の休止である。想念は海（真我）の表面に漂う泡のようなものだ。

想念は、数えきれないほどの前生を通じて、チッタ（chitta　その中に過去からの印象が蓄えられてきた心の素質）の中に蓄積された傾向である。その絶滅がねらいでなくてはならない。その傾向から解放されていることが清浄だ。人は意識のある真我を知覚のない身体と混同することによって欺かれている。この欺瞞は終わらせなくてはならない。つねに在る真我を実現するには努力は必要でない。欺瞞を取り除くだけだ。想念の不在は空虚を意味するのではない。空虚を知る人がいなくてはならない。知識と無知は心のものだ。それらは二元

性から生まれるものではなく、真我は知識と無知を超越したものだ。それは自ら光を発するものである。真我を見るためには、他の真我を必要としない。二つの自己は存在しない。真我でないものは、自己ではない。自己でないものは真我を見ることができない。見られたり、聞かれたりすることは不可能だ。真我は純粋意識としてただ独りで、向こうに横たわっている。

想念はわれわれの敵である。われわれが想念からまぬがれているとき、われわれは生まれつき至福に満たされている。二つの想念の間にある空白がわれわれの本当の状態であり、それが実在の真我である。想念を取り除き、想念のない状態でありなさい。そうすれば、あなたは意識的に真我として現存する状態にいるだろう。想念、願望、すべての特質はわれわれの本当の性質にとってなじみのない外来のものだ。西洋は一人の人間を偉大な思想家として賞賛するかもしれない。しかしそれは何なのか。本当の偉大さは想念から解放されていることだ。

想念が休止しているというあなたの現在の経験は、あなたが現在その中にいる雰囲気が影響しているためだ。あなたはこの雰囲気から離れて、同じ経験をすることができるか。それは発作的なものだ。それが永久的なものになるまで、修練が必要である。本当に人が安定を達成した後、修練は自然に必要がなくなる。

「私は誰か」という問いへの本当の答えは、想念の中には生じてきません。すべての想念が消え――思考者自身さえもが消えていきます。

◆
◆
◆

質問者　それでは想念は実在ではないのですか。

マハルシ　まったくそのとおりです。心は意識あるいは真我の中に源をもつ、さまざまな想念の束にすぎません。想念は実在ではなく、唯一の実在は真我です。

あなたが「心」(mind)と呼ぶものは幻想です。それは「私」という想念が起こったあとで動きはじめます。想念から自由な永続する背景が真我です。純粋さをもった心が真我です。樟脳が燃えるとき残留物は残りません。心は樟脳です。少しの跡形も残さずに真我の中に溶解してしまったとき、それが真我の実現です。

粗大な、あるいは微細な感覚なしには、あなたは身体あるいは心に気づくことはできません。しかし、あなたはこれらの感覚なしに存在することができます。その状態においてはあなたは眠っているか、あるいは真我だけに気づいています。その真我の自覚はつねにそこにあります。あなたのあるがままにとどまりなさい。そうすればあなたの質問は生じてこないでしょう。

質問者　われわれは「私はエゴではない」と考えるべきでしょうか。

マハルシ　深い眠りの中で、われわれは、われわれがあるのかないのかを考えません。したがって目覚めた状態においても、われわれは想念なしに生きていくことができます。われわれの実在――そしてその状態でわれわれがあること――は絶対的な幸福です。エゴを生み出すのは考えることです。エゴはわれわれにとって想念にすぎません。われわれは想念なしに存在します。想念の源はわれわれの内部にあります。もしわれわれが自分自身を調べはじめるならば、われわれの真の性質を発見します。エゴを取り除くのは、ただ想念によってではなく、経験によって行なうのです。想念のない状態を、深い眠りの中にいること、あるいはトランスと見なさないようにしなさい。真我実現のようなものはなく、あるのは想念を寄せつけないことだけです。実在で**ありなさい**、そして「私はブラフマンである」と千回以上繰り返しつづけることに時間を浪費しないようにしなさい。エゴはそれ自身の現実の源を知ろうと努力しつづけるにちがいありません。

質問者　どのようにすればつくられた心をなくすことができますか。

マハルシ　心を消滅させるどんな試みもなされるべきではありません。考えたり欲したりすることこそれ自身が想念なのです。考える人が探し求めるならば、想念は消えていくでしょう。

質問者　想念はそれ自身で消えていくでしょうか。たいへん難しいように思えます。

マハルシ　諸々の想念は消えていくでしょう。なぜならそれは実在ではないからです。難しいという考えそれ自体が実現のための障害なのです。それは克服されねばなりません。真我としてとどまることは難しくはありません。難しいというこの想念が主な障害なのです。「私」の源を発見するほんの少しの修練をすれば、あなたは異なった考えに導かれるでしょう。想念からの絶対的な自由が、真我のそのような認識に導く状態なのです。心は想念の集合にすぎません。

質問者　どのようにして恐れを取り除くことができますか。

マハルシ　すべての恐れは想念以外の何ものでもありません。もし、ただ一つのものだけしか存在しないなら、恐れるべき第二のものは存在し得ません。もしわれわれが一つのものとして、われわれの真我に目を向けるならば、恐れるべきものはほかに何もありません。われわれ自身の外側に何かがあると考えることが、恐れの原因なのです。しかしわれわれが自身の実在の中に固く定着するならば、恐れ、疑い、好ましくない特性はなくなるでしょう。これらはすべてエゴの周りに集中させているのですから。

平静の状態は至福の状態です。

質問者　真我はその本当の性質を忘れてしまうのではありませんか？

マハルシ　忘却と記憶は想念の形態にすぎません。想念が存在する限りは入れ代わり立ち代わり現われるでしょう。記憶と忘却は、人がそれを探し求めても、実在ではないので見いだすことができない「私」に依存しています。これらの真理はサムスカーラ（samskara　過去から続いている心の印象または傾向）が破壊されてしまわないのでよく理解されません。疑念と混同の根はサムスカーラにあります。それは切り取られなければなりません。これはグルによって処方された修練に従うことによってなされます。グルは求道者たちに、彼らが自分自身のために真理を見つけることができるよう、この部分の実践を彼らに任せます。修練がヴァーサナ（vasana　生来の傾向と気質）の種を無効にします。

たった一つの心の活動をあなたのディヤーナ（dhyana　瞑想）の中に侵入するのを許してはなりません。人は、エゴあるいは所有の感覚が完全に除去されない限り、すなわち、あなたが意のままに、努力なく心を概念や活動に縛られない状態に保つことができるまで、修練を続けなければなりません。

人びとはしばしばサマーディを誤解する。バガヴァーンは、ガンジス川の岸で数百年間トランスの中で過ごしたヨーギが目覚めたときの最初の想念が、トランスに入る前に彼が要求してい

た若干の水についてのものであった、という話をされた。諸々の想念が回復し、したがってトランスは無益なものだった。本当の達成は、十分に意識的で、人びとと自己の環境に気づいていること、それらの間ですべてを感動させている力が、いまだ環境の中で自己の意識と合一はしていないこと、しかしそれについての内的に独立した自覚を保っていることであるとマハルシは言った。これは最高のものであり、たんに心を止めてトランスの中に坐っているのではない。心は、たんに止められているのではなく、完全に破壊されなくてはならないのだ。

知性と学習

知性はそれ自身の原初の知識を拒否して外的な知識を得ようとつねに努力する。心はもっぱら身体を真我と同一視する。創り出されるのは偽りのエゴである。それが今度は偽りの現象を創り出し、そしてそれらの現象の中に移り住んでいくように見える。偽りの同一視が消滅すると実在が明らかになる。これは、実在が今そこにない、ということを意味するのでは

ない。それはつねにあり、永遠に変わらない同じものなのだ。
知識とは、人の意識にもたらされた印象の結果を意味する。
疑いや不確かさは心や知性にとってのものであり、完全な実現にはそれらが存在する場所がない。

質問者　それでは、すべてのわれわれの知的な進歩には価値がないのですか。

マハルシ　誰の知性が進歩しているのですか。見つけだしなさい。

質問者　知性はどのように役立ちますか。

マハルシ　人がエゴの中に知性を沈め、また真我の中にエゴを沈めることにおいてのみ役立ちます。真我を実現したあとには、すべての知的な積み荷は船外に投げ捨てられ、漂流貨物となります。誰の知性なのですか。それは人の知性です。知性は一つの道具にすぎません。真我に到達するとそれは消滅するにちがいありません。

◆　◆　◆

学んでいるというぬぼれや感謝を求める願望は非難されますが、学ぶことそれ自体はそうではありません。真理の探究に導く教育や学習、謙虚さはよいことです。

質問者　私は自分で「私は誰か」とたずねることを始めており、身体は「私」ではない、プラーナ（呼吸）は「私」ではない、心は「私」ではないと除去しております。しかしいっそう進むことができません。

マハルシ　知性を働かせている限り、そのとおりです。あなたが行なっているプロセスは知的なものにすぎません。実際、すべての聖典はもっぱら探求者が真実を知ることに導くプロセスに言及しています。真実は直接に指し示されることはなく、したがってこの知的なプロセスによって知ることはできません。すべての「私でないもの」を除去する人も、「私」を除去することはできませんよね。「私はこれではない」あるいは「私はそれである」と言うためには、「私」というものがなければならないのです。この「私」はエゴあるいは「私」という想念にすぎません。ひとたび「私」という想念が現われると、すべての他の想念がそれに続いて起こります。それゆえ「私」という想念が根源の想念です。もし根源が除去されると、他のすべての想念も根こそぎにされます。あなた自身で「私は誰か」とたずねなさい。その源を発見しなさい。そうすればすべての想念は消えるでしょう。そして純粋な真我が残るでしょう。「私」というものはつねに存在します――「私」という感覚はつねに存在します。そうではなく、あなたは自分の存在を否定できるでしょうか。
あなた自身の実在は疑うことができません。真我は第一の実在です。普通の人は、実在を、彼らの本当の内的実在プラス身体などのように付属物として彼らの意識に現われてきたすべてのもの、として無意識的にとらえようとします。その誤った考えを捨てなければなりません。

質問者　記憶することや忘れやすいことはどこに位置するのですか。

マハルシ　チッタ（知性）の中に位置しています。
たとえば新しい原料を探し求める発明者のように、人びとは自己健忘症の状態において発見を行なうのです。このエゴの健忘症が生じ、発明が明らかになるのは、深い知的な集中という条件の中でなのです。これはまた、開発されつつある直観の一つの道でもあります。それゆえ、鋭くなり集中された知性は有用であり、物質的な事柄においては欠くことのできないものでさえありますが、啓示や直観はそれ自身のペースで生じ、また人はそれが生じてくるのを待たねばなりません。

質問者　私の人生において三、四回、偉大な霊的エクスタシーが来ては行ってしまいます。私はそれを永久に欲しています。

マハルシ　それは来ては行ってしまいますが、あなたは行ってしまうことはありません。あなたの本当の真我はなおそこにあります！

そこには本当に統一がありますが、知性は差異を創り出します。たとえそうだとしても知性は真我の力（能力）です。しかし知性の背後に備わっている原理は知性によっては知ることができません。たとえどのように多くあなたが学んでも、知識には際限がないでしょう。あなたは疑う人を無視しますが、疑いを解決しようとしています。その代わりに、疑う人にしがみつきなさい。そうすれば疑いは消えていくでしょう。ヨーガと瞑想は普通の人びとのためのものです。ヴィチャーラは賢者のためのものです。ヴィチャーラは真我実現を得るための手段です。

その生涯を多くの物事についての知識を発見するために費やす傑出した知性をもった人びとがいます。しかし、この知性のすべては外部に向けられています。あなたがまだあなた自身を知らないときに、他のすべてのことについて知って何の役に立つのですか。これらの人びとに、彼らが誰であるのかを知っているのかどうかをたずねなさい。そうすれば彼らは恥ずかしそうに頭をうなだれるでしょう。知性は真我に対して後から加えられた何かであり、進化によってその上に重ねられた何ものかであるという『秘められた道』におけるあなたの説明は、至高の立場から見れば厳密には正しくありません。現われ出るためには、真我の中につねに存在してきたはずです。それゆえ、潜在的にそれは真我と共存していて､後から現われたものではありません。木は種の内部に含まれてきたにちがいなく、そうでなければ木は種から生長することができなかったはずです。そのようにまた、知性もはじめから真我に含まれていたにちがいありません。

書物について

講義と書物はほんの少しの利益しかもたない。そしてそれは初心者に方法を指摘するためにだけ役に立つ。本当の働きは瞑想の中でなされる。タミルの聖者タユマナヴァールが詩の中で指摘しているように、静かに沈黙の中に坐っている人が国全体に影響を与えることができる。瞑想の力は言葉や書物よりもはるかに強力なのだ。真我に対する瞑想をして沈黙の中に坐っている人が、個々の人のところに行かなくても、多くの人びとを彼のところに引き寄せるだろう。

『バガヴァッド・ギーター』や『道を照らす (Light on the Path)』のような書物でさえ、その内容を見ることによって真我を発見することは諦めねばならない。ギーターでさえ、「真我に対して瞑想しなさい」と言っている。「ギーターの書物に瞑想しなさい」とは言っていない。

私はマハルシに、なぜあなたの書物は詩や歌の形で書かれているのかとたずねた。彼は、それはその形で書かれることが、人びとがそれを学び記憶するのにより容易であるからである、と述べた。

質問者　書物はどのように役に立ちますか。

マハルシ　書物はわれわれの霊的熱望を増大させるかもしれない、ということがあるからだけです。聖なる書物を研究することは、真実を明らかにするには十分ではないでしょう。心の中にヴァーサナが潜伏している限り、実現を達成することはできません。聖典を学ぶということそれ自身が一つのヴァーサナです。サマーディだけが実現をはっきりと示すことができます。さまざまな想念が実在を覆うヴェールを投げ与えます。したがってサマーディ以外の状態においては、実在が明らかにされることは不可能です。

質問者　瞑想の修練をするのとウパニシャッドのような霊的な書物を研究するのとどちらがよりよい方法ですか。

マハルシ　それはまったく（人びとの）気質の問題です。もし瞑想があなたに適しており、進歩を達成する助けになると思うならば、そのときはそれを続けなさい。他の人びとは書物を研究することが瞑想よりも彼らに適していることを発見します。異なった人びとは異なった道をとらねばならず、それは個人の好みと気質の問題です。

個人の実例と個人教授はその道においてもっとも役立つ援助です。一方、修練は書物よりもよりすぐれています。

書物を読んでいるとき、あなたの目は文字の列を追っていきますが、あなたのハートは一者の中にあるべきです。

グルは内的、外的両方の道標ですが、書物は道にとってたんなる外的な道標にすぎません。内的なものとしては、グルは一つの活動力であり、ある意味であなた自身のより高次の真我です。

読書が好きだった人に対して

マハルシ　あなたが探し求めているのは内部のあなた自身です。書物はそれ自身外部のものです。ですから、なぜそれらを研究して誤った方向に寄り道をするのですか。

第6章

エゴ

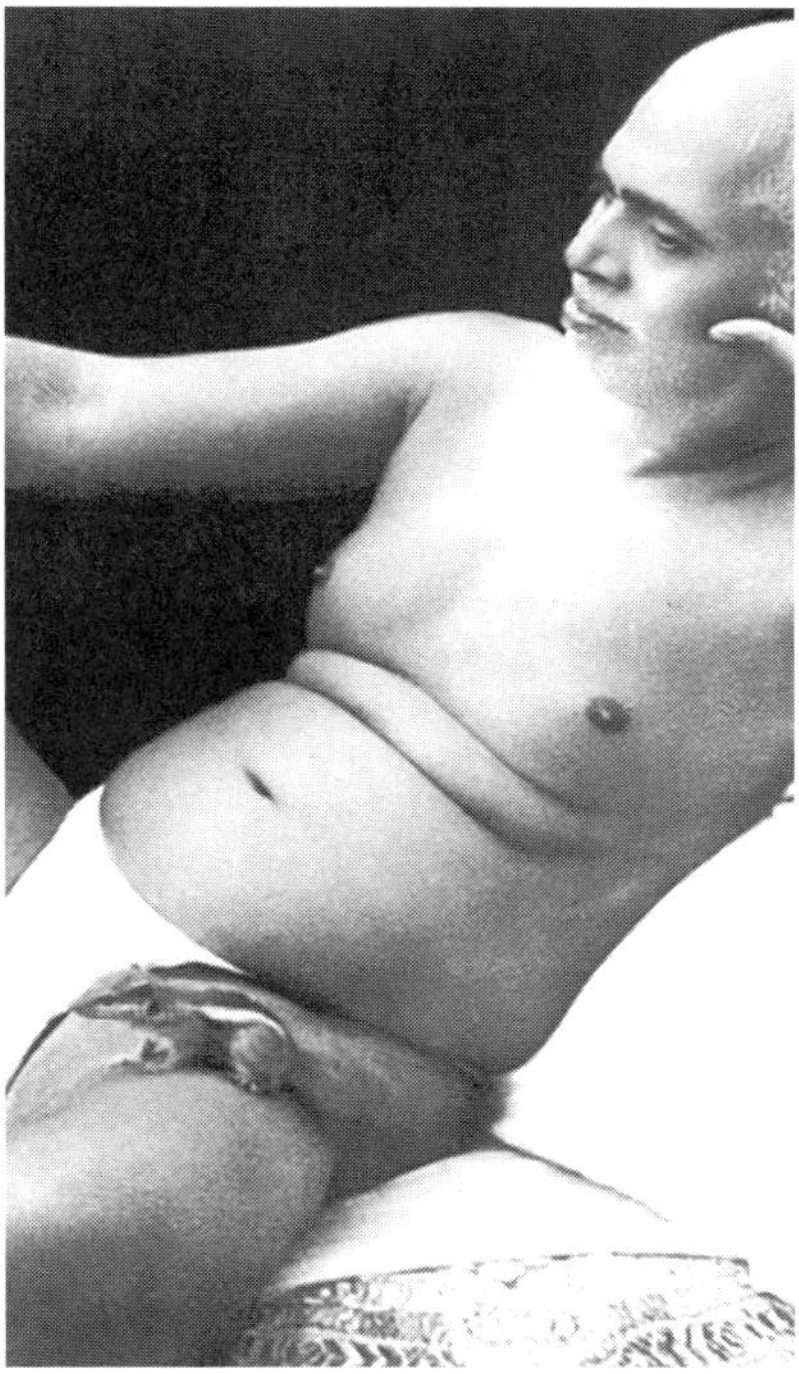

想念の源はエゴ、アハンカーラ（ahankara）である。

エゴは目覚めているときの活動、意識、知性のすべてに直接関係している。深い眠りの中で「私」はどこにあるのか。知性は働かず、身体は動かないが、それでも真我は存在している。エゴ――偽りの自己――が本当の真我のような姿をとることによって、本当の真我を覆い隠しているのが目覚めているときの活動なのである。

「私は身体ではなく」て「私は真我である」というのは、まだ正確ではない。本当の存在においては、「私」という想念はない。

個性（アンタカラナ*）というのは中間の媒体なのである。それはわれわれがスークシマ（sukshma　微細身）と呼ぶものであり、身体と真我の間の媒体として作用する。それは身体もしくは真我に溶けこんで、どちらかに変化することができる。

すべての想念がその働きの基礎である一つの想念までさかのぼっていくことができるかど

うかを発見しよう。「私」という想念あるいは考え——個性という考え——がその根源の想念であることがわかるのではないだろうか。「私」という想念は純粋ではなく、身体や感覚といっしょになって汚染されている。その想念が誰を悩ませているのかを理解しなさい。そうすればその他の想念は消えていくだろう。

質問者　はい。しかしどのようにしてそれを行なうのですか。それが全体の問題です。

マハルシ　「私—私—私」を想い、その他のすべての想念を排除して、その一つの想念にしっかりとつかまっていなさい。

エゴは真我の中にその源をもち、それから離れることはありません。それゆえに、エゴはその源において真我と一つになるために、源への道をさかのぼって探求されなければなりません。エゴの核心はハート・・・と呼ばれています。

質問者　どこからエゴは生じてくるのですか。

マハルシ　霊、心、エゴはただ言葉にすぎません。その種のものが真の実体をもっているわけではあ

＊訳注　アンタカラナ（antahkarana）は、心、思ったり感じたりする場所。

りません。意識が唯一の本当のものです。

質問者　エゴと真我は同じものですか。

マハルシ　エゴなしでも真我はありえますが、真我なしでエゴはありえません。エゴは大洋の中の泡のようなものです。不純物と世俗的な執着はエゴだけを好みますが、真我は純粋でありのままにとどまっています。個人が消え去るとき、欲望もなくなります。

質問者　どのようにすればエゴイズムをまぬがれますか。

マハルシ　それが本当に何であるかを確かめなさい。それだけで十分でしょう。それ自身を取り除こうと努力すること、それ自身がエゴです。だからそれは、どうして死ぬことができますか。もしエゴが消え去るべきものであるならば、何か他のものがそれを殺さねばなりません。いつかあるときそれがエゴの自殺に同意するでしょうか。ですから、まずエゴの本当の性質がどういうものかをよく理解しなさい。そうすればエゴはひとりでに消え去るでしょう。エゴの本性を調べなさい。それが実現のプロセスです。もし人が自分の真の本性が何であるかを知るならば、そのこと自体がエゴを取り除くでしょう。それまでは、ちょうど人が自分自身の影をとらえようとして追いかけるようなものであり、人が進めば進むほど、影もまた離れていきます。もしわれわれが自分自身の真我から離れるならば、エゴは自分自身を現わすでしょう。もしわれわれが自分の本性を探し求めるならば、エゴは死にます。もしわれわれが、自分自身の実在の中にいるならば、われわれはエゴについて悩む必要はないでしょう。

あなたの源を探し求めなさい。「私」という想念が湧き上がってくるところを発見しなさい。どんなものをわれわれはより確かだと思うことができますか、またわれわれの真我よりいっそう確かなものを知ることができますか。これは直接的な経験であり、それ以上説明することができません。

もし今の「私」が消え去ると、心はそれが神話にすぎないということがわかります。残っているものが純粋な真我です。深い眠りの中では真我が身体や世界を知覚することなしに存在しており、そして幸福が君臨しています。

質問者　記憶や眠りや死は「私」に影響を与えますか。

マハルシ　これらの三つの属性と様式は誤ったエゴに属するものです。そこには偽物の「私」と本物の「私」との間を区別しない結果としての混同があります。

『ヴィヴェーカチューダーマニ』は、ヴィジニャーナ・コーシャ（vijnana kosha　知性のさや）であるうわべだけの「私」は一つの投影であり、人はそれを通して「私」の真の本源を見なければならないことを、明らかにしています。

質問者　エゴである自己とは何ですか。

マハルシ　エゴは現われたり消えたりします。本当の真我が永遠にあるのに対して、一時的なものです。

心はエゴのものであり、またエゴは真我から生じてきます。

◆　◆　◆

聖なる雄牛（ナンディ）はエゴ、ジィーヴァ（個我）を表わします。それはつねに、われわれの寺院の中で、神に面して、その後ろに平らな円形の石を伴って見られます。この石の供物台は、犠牲を提供されるところであり、(注)それはすべてエゴが犠牲にされねばならないこと、そしていつも内なる神の方へ向き直らなければならないことを象徴しています。

ジィーヴァとは何かを習得しなさい。ジィーヴァとアートマンの違いは何でしょうか。ジィーヴァそれ自身がアートマンなのか、それともアートマンから分離された何ものかがあるのでしょうか。

質問者　（神の前に）ひれ伏すとはどういうことですか。

マハルシ　それはエゴの鎮静を意味します。

質問者　鎮静とは何ですか。

マハルシ　源に溶けこむことです。神は外面的に膝を折ったり、頭を下げることでだますことはできないのです。かれはエゴがあるかないかを見ています。

質問者　かつて私はたいへん自立的でしたが、老年になってためらいを感じます。人びとは私をあざ笑います。

マハルシ　あなたが自立的（自己依存的）であったと言うときにさえ、そうではなく、あなたはエゴ依存的だったのです。もしあなたがエゴを消滅させるならば、本当の自立を達成するでしょう。あなたのプライドは、エゴのプライドにすぎなかったのです。あなたがあなた自身をエゴと同一視する限り、あなたは他の人をも個我として受け取り、プライドをもつ余地を与えるでしょう。それをなくしなさい、そうすればあなたは他の人のエゴをもなくすでしょう。そしてもはやプライドをもつ余地をなくすでしょう。

分離の感覚がある限り、人は想念によって苦しめられるでしょう。もし原初の源を取り戻し、分離の感覚が終息させられるならば、平安があるでしょう。石が投げ上げられたとき何が起こるか考えて

（注）『ギーター』によれば、動機づけなく神に捧げられたものが「犠牲」と呼ばれる。

ごらんなさい。それは源を離れ、上に押し上げられ、降りてこようとします。そしてそれは静止していたその源に戻るまでつねに運動の中にあります。あるいは大洋の水を観察してごらんなさい。それは蒸発し、風に吹きあおられて雲を形作り、それが液化して後、雨として落下します。水は山の頂に降りてきて流れ、川となり、ついには原初の源である大洋に到達し、そこで平安な状態にあります。このように、あなたはどこに源からの分離の感覚があり、分離の感覚が失われるまで興奮と運動があるか、ということを理解します。それはあなた自身とともにあるのです。あなたが自分自身を身体と同一視するとき、あなたはあなたが分離されている、と思うのです。

この誤った同一視が終わり、あなたが幸福であることができるより前に、あなたはあなたの源を取り返さねばなりません。金は装飾品ではありませんが、装飾品は金以外の何ものでもないのです。装飾品がどのような形を作ろうと、ただ一つの実在、すなわち金があるのです。それはわれわれの身体と真我についても同じです。実在するのは真我です。自分自身を身体と同一視し、しかもなお幸福を探し求めるのは、ワニの背中に乗って湖を渡ろうと企てるようなものです。身体との同一視は心が外に向かい、さまよい歩くことの結果です。その状態を続けることは、人を果てしのない混乱に陥れたままにしておくだけで、決して人を平安にすることはないでしょう。あなたの源を探し求め、真我の中に溶けこみなさい。そうすればそういうものとしてとどまります。

身体はエゴという付属物を必要としています。エゴが殺されるならば、永遠なる真我がそのすべての栄光の中に姿を現わします。身体は十字架であり、人の子イエスはエゴ、あるいは「私は身体である」という観念です。彼は磔《はりつけ》にされたとき、復活します。輝かしい真我、イエス、神の息子！「汝もし生きんとすれば、この命を放棄せよ(注)」。

質問者　たとえば誕生と死という煩わしい状態はどうしたというのでしょうか。

マハルシ　まずはじめにエゴがやってきます。その芽生えがわれわれの誕生です。しかし本当のわれわれは死なないのです。

「われわれが見る」というのはまちがっているのです。というのは、もし誰が見ているのかを知ろうとすると、見るものは消えてしまうからです。「私」は主体であり、他のすべての想念は対象物からなっており、それが心なのです。

昨夜急速に眠りに入ってしまったとき、あなたはそれに気づいていましたか。いいえ！　いま存在しており、そしてあなたを悩ませているのは誰なのですか。それは「私」です。それを取り除きなさい。そうすればあなたは幸福です。

エゴに支配されている心はその力を弱められており、ひどく苦しんでいる想念に耐えるにはあまり

（注）この引用文は新約聖書四福音書、すなわちマタイ伝10章39節に見られる。

にも弱いのです。エゴのない心は深い、夢のない眠りの中で幸福です。それゆえ、明らかに至福と苦難はたんなる心のあり方にすぎませんが、弱い心を強い心に変えることは容易ではありません。（心の）活動性は弱さであり、したがって悲惨です。受動性（非活動性）は強さであり、したがって至福です。潜在している強さは現われてきません。それゆえわれわれはそれを利用しないのです。

創造物は二つの角度から考察されねばなりません。すなわち創造者（神）と個我です。苦しみや喜びの原因となるのは後者であり、前者はそれと関係ありません。苦しみや喜びは事実とは関係せず、もっぱら心のあり方に関係しています。個性を殺しなさい。そうすれば苦しみや喜びはなくなるでしょう。そして永遠に持続する本当の至福だけがあるでしょう。

質問者　肉体が死んだ後、創造されたエゴはどうなるのですか。

マハルシ　エゴというのは「私」という想念です。微細な形でそれは一つの想念としてとどまりますが、一方粗大な角度から見るとそれは心、感覚、肉体を含みます。それらは深い眠りの中ではエゴとともに消えますが、なお真我は残ります。それは死においても同じでしょう。エゴはそれ自身によって創造されたり、破壊されたりするために、真我から独立した実体ではありません。それは真我の道具として機能し、周期的に機能するのをやめます。すなわちそれは誕生と死として現われては消えていくのです。

質問者　どのようにして心を制御できますか。

マハルシ　心は触れてわかるようなものではありません。実際はそれは存在するものではありません。制御するもっとも確かな方法は、それを探し求めることです。そうすればその活動は停止するでしょう。

心を探し求めなさい。探し求められるとそれは消えていくでしょう。心は想念の束にすぎません。想念は考える人がいるから起こるのです。考える人はエゴです。エゴは、もし探し求められると、自動的に消えるでしょう。エゴと心は同じものです。エゴはそれから他のすべての想念が起こってくる根源の想念です。内部に潜りこみなさい。あなたは今や心が内部から起こってくることに気づいています。ですから内部に沈みそして探し求めなさい。あなたは誤った「私」を除去する必要はありません。どのようにして「私」が自分自身を除去することができるでしょうか。あなたがする必要のあるすべてのことは、その起源を見つけだし、そこにとどまることです。それはあなたの努力の及ぶことのできるところまでです。そうすれば、その先は、それ自身が面倒を見るでしょう。あなたはそこではどうすることもできませんし、どんな努力もそれを明かすことはできません。

少なくとも知性に関する限りでは、われわれの分析は終わります。しかしそれは十分なものではありません。「私ではない」ものを除去することでは十分でないのです。その過程はたんに知的なものにすぎないのですから。真実を直接的に指し示すことはできません。というのは過程ですから。今や本当の内面の探求が始まります。「私という想念」は今その源において探し求められるべき基礎なのです。その「私」とは誰なのかを発見しなさい。そしてそこにとどまっていなさい。

質問者　人は自分の目の前に目標をもちつづけるべきですか。

マハルシ　そこにある目標とは何ですか。あなたが目標と見なしているものは、エゴの前にさえも存在します。もしわれわれが、自分自身をエゴ、身体、心と考えるならば、そのときわれわれはそれらのものです。しかしもしわれわれが自分自身をそのようなものと考えなければ、そのときわれわれはわれわれの真の本性です。そのような問題を起こすのは思いです。エゴのようなものがあると考えることそれ自体が誤りなのです。なぜならエゴは「私」という想念であり、われわれ自身は本当の「私」なのですから。想念のない状態がそれ自体真我実現なのです。

ヴェーダが「私はこれではなくそれである」と断言しているのは、心の平静を得るための一つの助力にすぎません。もしそこに到達すべき目標があったとしても、それは永久的なものではありえないでしょう。「目標」と呼ばれるものはすでにそこにあるのです。目標の中にあるものは、われわれの誕生、すなわちエゴの誕生より前にさえ存在しています。われわれが存在するがゆえに、エゴも存在するように見えるのです。

もしわれわれが真我をエゴと考えるならばそのときわれわれはエゴであり、心と考えるならば心であり、身体と考えるならば身体です。水に映った影を見るとき、われわれはそれが揺れていることがわかります。誰かがその揺れを止めることができますか。もし揺れが止められたならば、あなたは水には気づかず、光だけに気づくでしょう。それゆえ、エゴとその活動に心をとどめることなく、その背後の光だけを見るようにしなさい。エゴは「私」という想念です。本当の「私」は真我なのです。

質問者　その分析過程はたんに知的なものにすぎないのですか、それとも感覚が優位を占めているのですか。

マハルシ　後者です。

個人の感覚である「私」は、本当の真我が心の中に反射した映像です。あなた自身で「私は誰か」という問いを発しなさい。身体とその機能は「私」ではありません。よりいっそう探求しなさい。感覚とその機能は「私」ではありません。いっそう深いところに到達しなさい。心とその機能は「私」ではありません。次の段階では、「どこからこれらの想念が起こっているのか」という問いかけです。想念は自然発生的であり、表面的であり、分析的なものです。誰がそれに気づくのでしょうか。その存在と作用は個人にとって明らかになるものです。分析の結果、個人的性格が想念の存在に気づかせるように作用する、という結論が導かれます。これがエゴなのです。「この『私』とは誰なのか、それはどこから現われてくるのか」といっそう探求しなさい。眠りを分析してみなさい。「私がある」

ということが、三つの状態――眠り、目覚め、夢の基礎にあるのです。

真我でないすべてのものを捨て去った後に、われわれは残余――真我である絶対者――を発見します。世界とエゴの双方は目的物であり、分析の過程で除去されねばなりません。非実在が除去されると実在が生き残ります。このことを達成するために、二元的な観念の創造者でありエゴの創造者である心を除去しなさい。心は生命の現われの一形態なのです。

個人は真我なしには存在できませんが、真我は個人なしに存在することができます。

質問者　救いのために必要とされる高度に発展している良質の思想よりも、この方法はいっそう早く目的を達成するでしょうか。

マハルシ　すべての質の悪い思想はエゴとつながっています。エゴが消え去ったとき、真我の実現は自明のものになります。

質問者　人の人生の目的は何でしょうか。

マハルシ　その目的は、あなたの「私の」に含まれるその「私」とは何か、を理解することです。

質問者　私は偉大な「私」、宇宙の部分であることを知的にはよく理解しています。

マハルシ　そのとき二つの「私」があります。あなたは部分ではなく全体であることをよく理解しなさい。

質問者　ここに存在するように見える自己の二重性の根拠は何でしょうか。

マハルシ　あなたが完全に眠っているとき、あなたは部分や全体という二元性を思いつきますか。二元性は、あなたが目覚めているときにだけ存在するのです。あなたが眠っていたとき、世界はどうなっていましたか。その「私」は三つの状態のすべてにおいて存在していました。そしてそれがあなたが知りたいものなのです。あなたが眠っている間に、人生の目的であるとか人生の目的などない、といった想念は起こってきませんし、あなたを悩ますことはありません。

かつて、飼い主にたびたびいじめられている一頭の象がいました。ある日飼い主が事故にあい、倒れました。象はその場で彼を殺すことはできましたが、そうしませんでした。しかし、後になって飼い主は森の中で大きな穴を掘り、象を殺しました。チューダラはこのお話(注)をシッキドヴァジャの誤りを説明するのに使いました。王であるシッキドヴァジャがエゴを犠牲にするほどヴァイラーギャ（vairagya　離欲によって霊性を獲得すること）に励んでおりさえすれば、彼はヴァイラーギャを得て

(注)ヨーガ・ヴァーシシタから。女王チューダラは彼女の夫よりも前に真我実現を達成し、一人のリシ（アガスティアという名の賢者）の姿を装って彼の教師になった。

真我を実現したに違いないでしょう。ところが彼はそうしないで、その代わりに森へ行き、十八年間、厳格な規制に従って苦行を行ないました。このすべての努力を終えた後にさえ、彼は自分自身が創り出したものの犠牲になったのです。チューダラは彼に、それを行ない解放がもたらされるエゴの放棄と真我実現の道を助言しました。エゴを伴うヴァイラーギャは無価値であり、一方、エゴがなければ財産をもつことは問題ではないということが、チューダラのお話から明白になるのです。

質問者　私は本当の「私」を見いだし、いつも自然にそれと接触を保っています。

マハルシ　あなたは個人的な「私」を放棄するだけで十分で、本当の「私」を獲得するために努力する必要はありません。あなたと真我の間になんらかのそのような相異があることを考えないようにしなさい。そしてあなた自身をかれに明け渡し、あなた自身をかれに溶けこませなさい。そこではなんらの疑念もないはずです。あなたは神を欺くことはできないのですから。

質問者　どのようにして恐れを取り除くことができますか。

マハルシ　恐れとは何でしょうか。それは一つの想念にすぎません。真我の他に何ものもないときには、恐れる理由はありません。誰がそれ以外の何ものかを見るのでしょうか。エゴがまず生じて、一つの対象を見ます。もしエゴが存在しなければ、真我だけが存在します。そして第二のものはありえません。内部に源を発見したとき、なんらの疑いも恐れもないでしょう。そしてエゴの周りに集まっているその他のすべての想念はエゴとともに消え失せるでしょう。弱さあるいは強さは、心の中にあります。真我は心を超えています。

質問者　どのようにして私は成長できますか。

マハルシ　なぜエゴの除去が進むのでしょうか。それがまさに――興味の中心として――必要とされるものです。

偽りのエゴは対象と関係させられており、主体だけが実在です。世界は心によって映しだされた光の中で見られます。月は太陽の光の反射によって輝きます。太陽が沈んだとき、月はものを見るのに役立ちますが、太陽が昇るとき、月は空に見えるのにもかかわらず誰も月を必要としません。そのことは、心とハートについてもあてはまります。心は対象物を見るのに使われます。

真我は、あなたがそれを探し求めても、探し求めなくても存在します。誤った同一視が止むと、永遠に存在する真我が現われます。これが真我の実現と呼ばれます。空白は心の探索の悪い結果です。心はその存在を取り除かれねばなりません。考える人は誰か、探し求める人は誰かを知りなさい。考える人、探求する人としてとどまるとき、すべての想念は消え去るでしょう。そのエゴは想念を一掃した純粋なエゴです。それは真我と同じものです

私・・・

私はある・・・

◆　◆　◆

私はあるは大洋であり、個人のエゴはその中の泡です。泡はなくなってしまいます。

第７章

三つの状態

深い眠り、目覚め、夢見の状態はエゴの付着物である。真我はすべてのものの目撃者である。真我はそれらのすべてを超越している。この目撃者―意識が見いだされねばならない。真我の中には、三つの状態、すなわち目覚め、眠り、深い眠りはない。それはいつもそこにある。

眠り、トランス、心の働きのない状態においては、差別はない。そのときになかったものが、今あるだろうか。差別は心のせいなのだ。心はあるときには存在するし、他のときには存在しないが、実在の中では何の変化もない。眠りの中にいた人と今目覚めている人は、同じ人物である。限定は心の中にだけある。真我は始めから終わりまでずっと同じものである。真我は心がないときにもまた存在する。

質問者　夢の経験と目覚めの状態との間には、何か正真正銘の差異があるのですか。

マハルシ　あなたが夢の創造物を目覚めの状態との関連で一時的なものであると知るがゆえに、差異があるといわれるのです。その差異は外見だけのものにすぎず、本当のものではありません。

質問者　深い眠りとは何ですか。

マハルシ　暗い曇った夜には、たとえ見る人が大きく目を見開いても個々のものを見分けることは不可能であり、暗闇だけがあるのとちょうど同じように、深い眠りの中では、見る人はたんなる無知に気づいているだけです。

質問者　なぜわれわれは、いつも深い眠りの中にとどまり、あるいは随意にその中に入ることができないのですか。

マハルシ　深い眠りは目覚めの状態の中でもまた存在します。われわれはつねに深い眠りの中にあるのです。そのことを意識して理解し悟るべきです。本当は深い眠りから来たり行ったりすることはありません。目覚めの状態にありながら深い眠りに気づくようになることがサマーディなのです。それが本性であり、すなわちプラーラブダ（prarabdha　今世で結果をもたらす人の過去のカルマの部分）であり、それがあなたをそこから抜けださせようとするのです。あなたのエゴは死んでおらず、何度も現われてくるでしょう。

質問者　目覚めの状態は存在している対象物とは無関係ですか。

マハルシ　もしそうであるなら、対象物は見る人なしに存在しなければならないでしょう。言いかえれば、対象物はそれが存在することをあなたに話さなければなりません。果たしてそうするでしょうか。たとえばあなたの前にやってきている雌牛が、あなたに私は来ていますと言うでしょうか。それとも、あなたが自分の方から「雌牛が来ている」と言うのでしょうか。対象物は見る人がそれを認知するがゆえに存在するのです。

質問者　なぜ夢を見ている間に瞑想はないのでしょうか。それは可能ですか。

マハルシ　それを夢の中でたずねなさい！　あなたは今瞑想するように、そして、あなたは誰かを質問するように言われています。そうする代わりに、あなたはそのような質問をしています。夢を見、眠り、目覚めるのは同じ人物です。あなたは両方――それらはあなたの前を通り過ぎている――の目撃者です。あなたは今瞑想していないがゆえに、そのような質問が生じてくるのです。

質問者　眠りの中で、真我を実現した人の意識に何が起こりますか。

マハルシ　そのような質問は真我を実現していない人の心にだけ起こります。ジニャーニ（jnani　真我を実現した人）には、あなたが眠りあるいは目覚めと呼ぶものの中にいようといまいと、二十四時間を通して途切れることなく続く一つの状態だけがあります。実を言うと、大多数の人びとは真我に目覚めていないがゆえに眠っているのです。

深い眠りの状態の中で、われわれはエゴ、想念、願望を捨てています。もしわれわれが意識して終始この状態にいることができるならば、われわれは真我を実現するでしょう。

ディヤーナまたは瞑想の最高の形態は、それがたんに目覚めの間だけ続いているのではなく、夢と深い眠りの状態にまで及んでいます。瞑想は、「私が瞑想している」という観念をもつ余地さえなくなるほど強められねばなりません。目覚めと夢見の状態がそのような人の瞑想によって完全に占拠されているとき、深い眠りは瞑想の一部とみなされるでしょう。

質問者　もし眠りがそのような良い状態であるならば、なぜわれわれはつねにその中にいたいと思わないのでしょうか。

マハルシ　人はつねに眠りの中にいます。現在の目覚めの状態は一つの夢にすぎませんし、夢は眠りの中でだけ生じることができます。眠りはこれらの三つの状態の基礎となっています。これらの三つの状態は、眠りの中にもまた存在する夢として再び現われます。このようにして夢と眠りの状態は終わりがありません。これらの状態と同様に、生と死もまた眠りの中での夢です。本当を言えば、生と死というものは実際は存在しないのです。

眠りの後にエゴが湧き起こってきて眠れなくなります。同時に想念も立ち現われます。それらはどこからやってくるのでしょうか。それらは意識された真我から湧き起こってくるに違いありません。それをとらえることは、確かなものでなくとも、一つの無限なる存在の実現をもたらすエゴの死滅を助けます。その状態には、永遠なる存在以外の何ものもありません。つねに変わることのない生得の真我の中にとどまり、誕生の観念や死の恐怖から自由でありなさい。

質問者　バガヴァーンは世界を見ないのですか。

マハルシ　バガヴァーンとは誰のことですか。

質問者　私よりもいっそう高度なジィーヴァ（個我）です。

マハルシ　もしあなたのジィーヴァを理解すれば、他のジィーヴァもまた理解されます。

質問者　私は議論することを望んでいません。私は学びたいのです。どうか私に教示して下さい。

マハルシ　あなたが学びたいと思う以上、議論は避けることはできません。このようなことは一切、考えないようにしなさい。あなたの眠りについて熟考しなさい。あなたは束縛に気づいていますか。あなたは解放の手段を探し求めていますか。あなたは身体そのものに気づいていますか。束縛の感覚は身体と結びついています。そうでなければ、束縛も、人を縛りつけているものも、縛りつけられている人もありません。しかし、これらのことはあなたの目覚めの状態において現われます。それらが誰のところに現われているかを熟考しなさい。

質問者　エクスタシーの経験は非常に微細な心の状態との結びつきを必要としています。眠りの中でのあなたの状態はどんなものですか。

マハルシ　エクスタシーや苦痛ではなく、それらを超えています。本来の状態はまさにそれに存在の意識が加えられたものです。

質問者　トゥリヤ（turiya　第四の状態）とは何ですか。

マハルシ　トゥリヤは静寂の中にあり、真我に気づいている心です。それは心がその源の中に溶けこんだという意識を伴っています。感覚が働いているかどうか、ということは重要ではありません。ニルヴィカルパ・サマーディにおいては、感覚は働いていません。知ることは主体と客体を意味します。気づいていることは想念から解放されていることを意味します。

質問者　私は眠りは目覚めより悪い状態と考えています。

マハルシ　もしそうであるならば、なぜ誰もが眠りたいと思うのでしょうか。宇宙の非実在を証明するためのアプローチにさまざまな方法があります。夢の実例は、それらの中の一つです。ジャーグラト（Jagrat）、スワプナ（swapna）、スシュプティ（sushupti）*はすべて、聖典の中でそれらの基礎である実在を明らかにするために、入念に取り扱われています。それは、三つの状態の違いを強調することを意図しているのではありません。その目的をはっきりと考慮しておかねばなりません。

世界は非実在である、と言われています――しかしどの程度にそうなのでしょうか。それは不妊の母の息子あるいは空における花のようなものでしょうか。それらは事実となんら関係もない、たんなる言葉にすぎませんが、世界は一つの事実であり、たんなる言葉ではありません。

その答えは、それは薄明の中でとぐろを巻いている蛇に見えるロープのように、一つの実在の上に重ね合わされたものだ、ということです。ここでも誤った同一視は、友人がそれはロープであると指摘するやいなや終わりますが、一方世界の問題においては、われわれがそれが非実在であると語ってきた後にさえも固執されます。それはどういうことでしょうか。蜃気楼における水の外観は、それが蜃気楼であるという事実がわれわれにわかった後にも持続します。そういうことは世界についてもあります。それが非実在であると知るけれども、それは現われつづけます――しかしわれわれは蜃気楼の水によってわれわれの渇きを癒そうとはしません。人がそれが蜃気楼であることを知るやいなや、人はそれを無用のものとして見切りをつけ、水を得ようと追いかけることはしません。

質問者　世界の外観についてはそうでありません。それが偽りであることがたびたび明らかになった後にさえ、人は世界から彼らの欲望の満足を得ようとするのをやめることができません。世界はどのようにして人びとを誤らせることができるのですか。

マハルシ　それは夢の創造物によって夢の中でその欲望を満足させる人のようです。そこには対象物があり、欲望があり、共通の満足があります。夢の創造は、目覚めの世界と同様に目的をもっていますが、しかしそれはまだ熟考された本当のものではありません。このように、われわれは、これらすべての説明が非実在の舞台を樹立するという目的に役立っていることを知ります。真我を実現した賢者は、それが引き起こす状態においてジャーグラトの状態も実在であることを最終的に言明します。それぞれの説明は、その固有の文脈において理解されるべきであり、孤立して述べられたものとして考えてはなりません。それは一つの鎖としてつながっています。これらのすべての説明の目的は、求道者の心をそれらすべての基礎にある一つの実在に向けることにあるのです。

質問者　目覚めの世界とは違って、夢の世界は目的をもっていません。なぜならば、われわれはその欲望を満足したとは感じないのですから。

＊訳注　ジャーグラトは目覚めた状態、スワプナは夢の状態、スシュプティは深い夢のない眠りの状態である。

マハルシ　あなたは正しくありません。われわれは夢の中でもまた渇きや飢えを経験することができます。あなたは、目覚めの状態において、あなたの欲望は満たされ、なお食べ残しがあるかもしれません。それにもかかわらず夢の中では飢えを感ずるのです。この食物はあなたの飢えを満たすのには役立たず、あなたの夢の中での飢えは、夢の創造物を食べることによってのみ満たすことができるのです。

質問者　なぜわれわれは目覚めたときに夢を記憶しており、その逆ではないのでしょうか。

マハルシ　あなたはまちがっています。あなたは夢の中のあなたと今ここで話をしている人物とを同一視しているのです。

質問者　しかし、われわれは夢を見ていることを知らないのに、目覚めていることを知っています。

マハルシ　夢というのは、目覚めと深い眠りとを連結するものなのです。それは目覚めの状態のサムスカーラの結果であり、それゆえ、われわれは夢を記憶しているのです。サムスカーラは夢の中では見いだされません。したがってわれわれは夢を見ていることに気づかないのです。それでもなお、人は誰もが目覚めているのかあるいは夢を見ているのか知りたいと思って、夢の中で奇妙な困惑に陥っていることを思い起こします。人は目覚めているが、われわれが本当に目覚める一度だけを除いて、われわれはそれはすべて夢にすぎないことを発見するだろうというような議論さえ人はするかもしれないでしょう。

質問者　夢と目覚めている状態との間に本当の違いがありますか。

マハルシ　それはたんなる外観に過ぎず、本当のものではありません。夢は自分が目覚めていると言っている人にとってのものです。絶対的な観点から見れば、両者はともに非実在です。

エゴはあなたが眠りから目覚めたときに生じます。眠りの中ではあなたは眠っていると言いません。あなたは目覚めたときにのみそう言います。しかし**あなた**はまだそこにいるのです。あなたは眠っているとき身体に関係をもたなかったのですし、そのようにかかわりをもたないままでいることができます。

目が覚めた状態においてエゴは自分を肉体と見なし、夢の中では微細な心と見なしていました。そのとき知覚もまた微細なものです。

質問者　失神と眠りの違いは何ですか。

マハルシ　眠りは突然に起こり、人を抗しがたい力で圧倒します。失神はより緩やかにやってきて、それへの抵抗の感覚があります。真我の実現は失神においては可能ですが、眠りの中では不可能です。

質問者　想念のない意識の状態は可能ですか。

マハルシ　可能です。ただ一つの意識だけがあります。眠りの中では「私」は存在しません。「私」という想念は目覚めにおいて生じ、その後に世界が現われます。眠りの中で「私」はどこにあったのでしょうか。そこに存在しましたか、それとも存在しませんでしたか。それは眠りの中で存在してきたに違いないのですが、今あなたが感じているような仕方では存在しなかったのです。今というのは「私」の想念にすぎないのですが、眠っている「私」は本当の「私」なのです。それは終始ずっと存在しています。それが意識です。もしそれが知られるならば、あなたは、それが想念を超えたものであることを理解するでしょう。至高の意識を妨げないならば、想念は他の活動のようであることができます。

質問者　想念の出所への探求においては「私」の知覚がありますが、それは私を満足させるものではありません。

マハルシ　まったくそのとおりです。「私」の知覚は、一つの形、たぶん身体と結びつけて考えられています。純粋な真我と結びつけられるものは何もあるはずはありません。真我は何ものとも結びつけられることのない純粋な実在です。身体、エゴなどはその光によって照らされています。すべての想念が沈静化され、純粋意識がそのままとどまっています。

眠りから目覚めて、世界が気づかれる前に、その純粋な「私—私」が存在します。眠りに落ちることなく、想念があなたの心を奪うことを許さないようにして、それにしっかりとつかまっていなさい。もし**それ**がしっかりと保持されているならば、たとえ世界が見えていても問題ではなく、見者は現象によって影響されることなくとどまっているでしょう。

もし、目覚めている想念と夢の中での想念の活動がないならば、それに対応する世界、すなわちその知覚は存在しないでしょう。深い眠りの中ではそのような活動は存在せず、したがって世界はわれわれにとって存在しません。

夢のない眠りの中では、世界はなく、エゴはなく、不幸はありません。しかし真我は残されています。目覚めた状態においては、これらのすべてがありますが、しかし真我もあります。つねにある真我の至福を本当に知るためには、人はつかのまの出来事を取り除きさえすればよいのです。あなたの本性は至福です。すべての残余のものがその上に重ね合わされており、あなたはそこで純粋な真我としてとどまっているであろうということを見いだしなさい。

一人の婦人が息子の死のあと出家を欲していた。

マハルシ　眠りの状態を思い起こしなさい。あなたはそのとき何かの出来事に気づいていましたか。もし息子や世界が実在であれば、それらは眠りの中であなたと一緒に居合わせていたのではないでしょうか。眠りの中であなたの存在を否定することはできませんし、そしてそこであなたが幸福であったことも否定できません。しかしそれでもあなたは今話をし、疑いを抱いている人と同一人物なのです。

あなたは幸福ではないと言います。しかしあなたは眠りの中で幸福でした。眠りの中での幸福が壊れたその間にいったい何が生じたのでしょうか。それはエゴです。しかもそれは目覚めの状態とともに生じたのです。眠りの中でエゴはありませんでした。エゴの誕生は人間の誕生と呼ばれます。その他の誕生はありません。生まれるものは何でも死ぬはずです。エゴを殺しなさい！　すでに死んだものにとっては死の恐怖はありません。エゴの死の後に真我が残ります。それは至福——すなわち不滅です。

質問者　どのようにわれわれは眠り目覚めるのですか

マハルシ　ちょうど夕暮れの雌のカラスとその羽の下に隠された若鳥に見られるように、雌鳥はその保護の下におく若鳥を伴って巣の中で眠りにつきます。夜明けには若鳥が出てきてその後に雌鳥が出てきます。それと同じように、母親はすべての想念の集合であるエゴを象徴しており、それが眠りにつきます。日の出の時に想念が再び現われます。そのようにエゴが自らを示すとき、すべてのその構成部分を伴って現われます。そしてエゴが沈み没するとき、それとともにすべてのものが消滅します。

質問者　疲れたときに眠りにつくのは身体ですか。

マハルシ　しかし身体が眠ったり目覚めたりするでしょうか。あなた自身が以前に眠りの中で心は静止していると言いました。三つの状態は心に属するものです。真我はつねに、影響されることはありません。それは、これら三つの状態のすべてを貫通して存在する実体です。目覚めの状態は過ぎ去りますが、「私はある」（I AM）は残ります。夢見の状態は過ぎ去りますが「私はある」は残ります。眠りの状態は過ぎ去りますが、「私はある」は残ります。それらは繰り返しますが、それでもなお私・・・はあるのです。

その状態はシネマ・ショーにおいてスクリーンの上で動く画像のようなものです。それらはスクリーンに影響を与えることはありません。同様に、これらの状態は行ったり来たりするけれども、私はそれに影響されることはありません。身体について言えば、眠りの中であなたはそれに気づいていますか。身体がそこにあることを知らずに、どのようにして眠りの中でそれが存在すると言えるでしょうか。身体感覚は一つの想念であり、想念は心に属するものであり、心は「私」という想念の後で生じます。「私」という想念は根源の想念です。もしそれを保持していれば、その他の想念は消えていくでしょう。そのとき、身体はなく、心はなく、エゴさえもなくなり、真我だけがその純粋な姿で存在するでしょう。

眠っていたあなたは、また、今目覚めています。あなたが眠っているあいだ不幸は存在しなかったのですが、今は存在しています。今起こっていること、この違いが経験されているということは何なのでしょうか。あなたの睡眠中には「私」という想念はなかったのに、それは今存在しています。本当の「私」は明らかに見えませんが、偽りの「私」が見せびらかされています。この偽りの「私」があなたの正しい知識にとっての障害物なのです。どこからこの偽りの「私」が生じてくるかを発見しなさい。それは消えていくでしょう。あなたはただあること――すなわち絶対的な存在であるでしょう。「私」という想念の源を探し求めなさい。それが人のなすべきことのすべてです。宇宙は「私」という想念に基づいたものです。それが終息すれば悲惨もまた終わるでしょう。

質問者　身体がなくても魂はそのままでいることができますか。

マハルシ　次の深い眠りのあいだそういうことがあるでしょう。真我はそのとき身体をもちません。しかし、今でさえそうなのです。

深い眠りの中であなたはエゴなしで存在します。そのときあなたは疑念から解放されています。目覚めの状態にある今はじめてエゴが生じ、あなたは疑念をもちます。深い眠りの中であなたは幸福であり、目覚めた状態においてあなたは不幸です。あなたがそこからやってきた深い眠りの状態とは何かを発見しなさい。

質問者　どのようにすれば「私」は無知を取り除くことができますか。

マハルシ　ティルヴァンナマライで眠りの状態にあるあいだに、あなたは他の町にいる夢を見ます。他の町があなたの部屋に入ることができますか。それともあなたが家を離れて他の場所に行ってしまうことができますか。いいえ、その両方とも不可能です。両方とも現実ではない架空のことなのですが、それらは心にとっては現実のように見えます。目覚めているとき、夢の中の「私」は消え、他の「私」が夢について話します。両方とも非実在です。非常に多くの出来事を引き起こすのは、いつも続いてある心の土台なのです。あらゆる瞬間に、多くの「私」が生まれては死んでいきます。ずっと存続している心が現実の困難を引き起こしているのです。それを見いだしなさい、そうすればあなたは幸福になるでしょう。

質問者　あなたはマーヤ（maya　幻影）を取り除くために私に助力を与えることができますか。

マハルシ　マーヤとは何ですか。

質問者　世界への執着です。

マハルシ　世界はあなたの睡眠中に存在しましたか。それへの執着がありましたか。

質問者　いいえ、ありませんでした。

マハルシ　あなたはそこにいましたか、それともいませんでしたか。

質問者　はい、私はいました。

マハルシ　したがって、あなたは眠りの中にいた人と同一人物です。

質問者　そのとおりです。

マハルシ　それなら、今マーヤについての質問が生じているのはどういうことですか。

質問者　眠りの中では心はありませんでした。したがって、世界は心にとって存在しているにすぎません。

マハルシ　そのとおりです。純粋な真我は単純なものです。それは対象物と結びつけて考えられることはありませんが、目覚めの状態においては、そのようなものとして意識されます。あなたが今、現在の状態において意識と呼んでいるものは、脳や心や身体などに依存している意識と関係しています。しかし、眠りの中ではその意識はそれらのものをもたないで存続してきました。

質問者　しかし私は眠りの意識を知りません！

マハルシ　それに気づいていないのは誰ですか。あなたは「私がある」を認めています。あなたは眠りの中で「私であった」を認めています。存在の状態というのはあなたの真我です。

質問者　あなたは眠りは真我の実現であると言おうとされているのですか。

マハルシ　それは真我です。なぜあなたは実現について話すのですか。真我が実現していないときがあるのですか。なぜそのために眠りを選ぶのですか。今でさえあなたは真我を実現しています。

質問者　しかし私はそれを理解しません。

マハルシ　あなたが真我を身体と同一視しているからです。この誤った同一視を放棄しなさい、そうすれば真我が明らかになります。

質問者　しかしこれは、マーヤすなわち執着を取り除くために私に助力を与えることができるかという私の質問に答えていません。

マハルシ　この世界への執着は眠りの中では見いだされません。それは今知覚され感じられているのです。それは、真の知性が知られているときには存在しません。マーヤはなんらかの他の方法で取り除くことのできるものではありません。

質問者　私にはあなたの夢と心の幻影についての言及がよくわかりません。

マハルシ　われわれの世界の経験は心によって呼び起こされ、解消されるものです。あなたがインドからロンドンへ旅行するとき、あなたの身体が実際に動くのでしょうか。いいえ！　動くのは乗り物であり、あなたの身体は自分自身で移動することなく、乗り物の内部に残っています。移動するのは船であり列車です。

このような運行はあなたの身体の上に重ね合わされ、ヴィジョン、夢の状態、生まれ変わりさえもがあなたの本当の真我の上に重ね合わされます。あなたの本当の真我は動くことはなく、またこれらのすべての外部の変化によって影響されることなく、まさに身体が船の客室の中でじっとしているように、その自分の場所にじっとしています。

あなたはつねに同じであり、それゆえ時間と空間を超えています。深い眠りの中であなたは時間の感覚をもちません。時間と空間の概念は「私」という限定があるときにだけ生じます。現在でさえ、「私」という想念は無限定でもあり、限定されたものでもあります。あなたがそれを身体として考える限り、それは限定されています。人が目覚めたとき、実際に外部の世界に十分気づくようになる前に、その合間、時間・空間のないことが真の「私」の状態なのです。

あなたの質問はなぜ深い眠りの中で起こってこないのでしょうか。実はあなたは眠りの中ではなんらの限定ももたず、したがって質問が起こってこないのです。ところが今は、あなたが自分を身体と同一視しており、したがってこの種の質問が起こってくるのです。

深い眠りは目覚めの状態においてさえいつも在るのです。われわれがなすべきことは、「意識している眠り」を得るために深い眠りを目覚めた状態の中にもたらすことなのです。真我の実現は目覚めの状態においてだけ起こることができます。深い眠りは目覚めの状態と関係しています。

その一つの意識を二つに分割することができますか。真我の分割を感じとることができますか。眠りから目覚めたとき、人は眠りの状態にいたときと同じ自分を発見します。それは各人の体験です。相異は見ることとの中に、外観にあります。あなたが体験から切り離して自分を見る者であると思うがゆえに、この相違が生じます。体験はあなたの真我がずっと同じものであると言います。あなたは眠りの中で外部と内部のあいだに何か相違を感じますか。この相違は身体に関係するだけであり、身体意識（「私」という想念）とともに生じます。

目覚めの状態と言われるものは、それ自身一つの幻影です。あなたのヴィジョンを内部に向き直らせなさい。そうすれば目覚めの状態全体がマーヤとして見られるでしょう。マーヤは本当はサットヴァ*なのです。

＊訳注　サットヴァ（sattva）純粋さ、調和。ラジャス（rajus）、タマス（tamas）とともに本性におけるすべてのものの三つの質あるいは構成要素。

物質科学でさえ宇宙の起源を非常に微細な原生的要素として描きます。神は、目覚めの状態が実在であるという人にとっても、その反対者にとっても同じです。違っているのはその外観なのです。そのような論争にかかわる必要はありません。それを理解しなさい！

質問者　無意識の状態は無限の存在に近いのですか。

マハルシ　意識だけが存在します。

第８章

マーヤと幻想

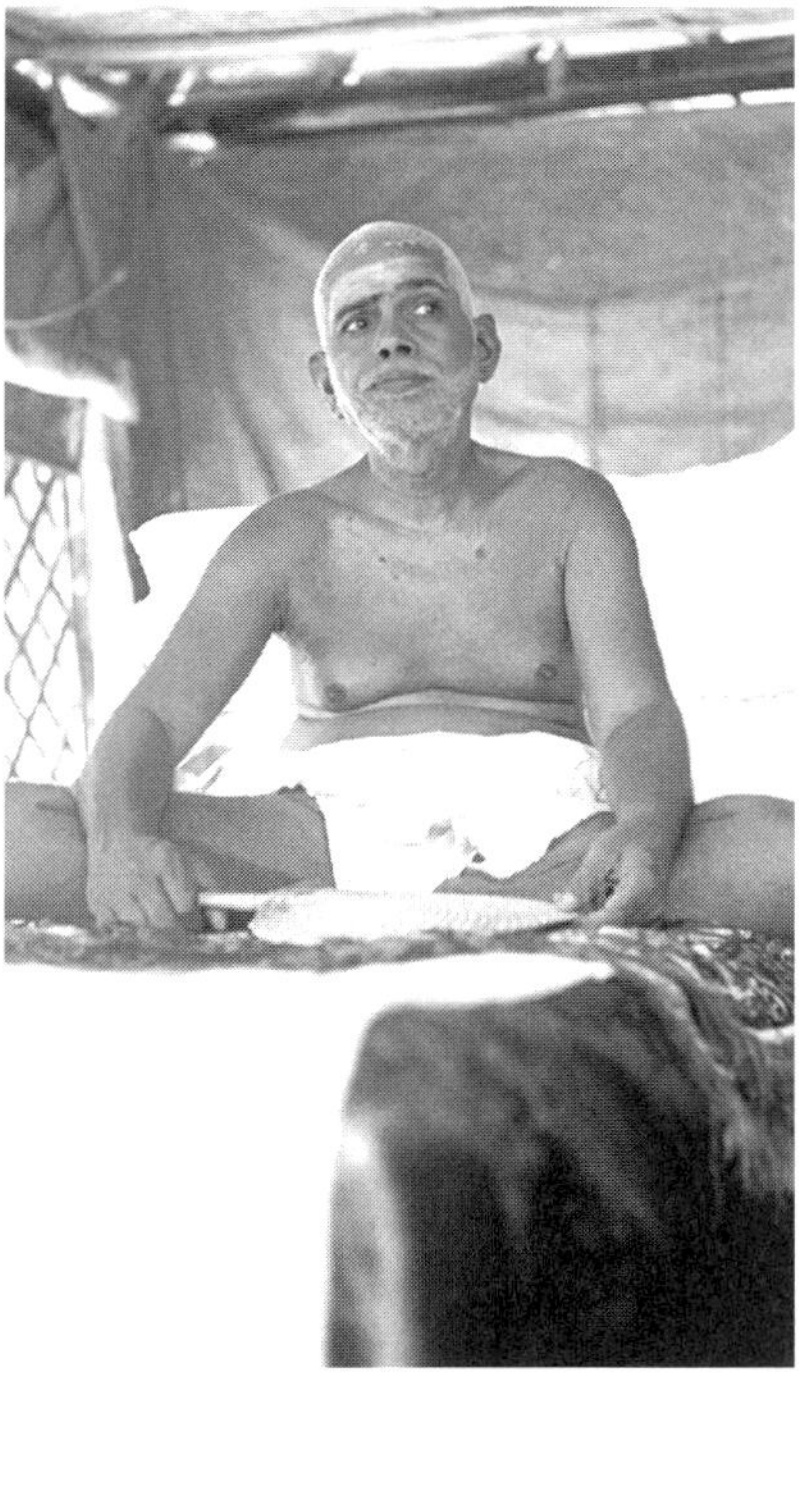

われわれは新聞に掲載された論説を読むが、(新聞)紙そのものについては何も知ろうとしたがらない。われわれが手に取るのは、もみがらであって中身ではない。その上にすべてが印刷されている土台が紙であり、われわれが土台を知れば、すべての他のものも知られるだろう。一者だけがサット(sat)、存在であり、それが紙である。一方、世界、われわれが見るものとわれわれ自身が、印刷された言葉である。

この外部の宇宙は真我を実現した人にとってはシネマ・ショーだ。それは勝手に上映されており、昼となく夜となく上映されつづける! 真我を実現した人は、あたかも普通の人びとが劇場でのスクリーン上のシーンや登場人物が架空のものであり、現実の生活の中に存在するものではないことを知っているように、世界の中で対象物や身体(人びと)が架空の外観であることを知りながら生活し仕事をする。しかし、普通の人びとは日々の生活の中で外部の対象物を実在として受け取る。真我を実現した人は、それらのものを架空のシネマの映

像としてだけ見ているのだが。

質問者　幻想とは何ですか。

マハルシ　幻想が誰に起こっていて、そして消えていくのかを発見しなさい。それについて話すのは愚かなことです。というのは、それはわれわれの外側にあり、知られていないからです。一方探求者は内側にあり、そして知られるべきものです。遠くにある知られていないものの代わりに、近くにある親密なものを発見しなさい。

質問者　「ブラフマンは実在であり、世界は幻想である」というのがシャンカラの常套句です。他の人びとは世界は実在である、と言います。どちらが本当なのですか。

マハルシ　両方とも本当です。それらは霊的発展の異なった段階を示しています。求道者は、実在はつねに存在するという定義から出発します。そして世界を、変化しており、したがって実在ではありえないという理由で非実在であるとして排除します。求道者は究極的には真我に到達し、そこで調和を発見します。そうして、はじめに実在しないものとして拒否したものを、真我という統一体の一部として発見するのです。実在の中に吸収されると、世界もまた実在するのです。真我が実現されたときには、存在だけがあり、それ以外には何もありません。

ヴェーダーンタの立場に立つ人は、マーヤの現われは鏡の映像のように、純粋意識の上に宇宙が展示されているものである、と言います。ちょうど、鏡がなければ映像がとどまっていることができないように、世界は独立して存在することはできません。シュリー・シャンカラは、絶対者は属性をもたないと言います。何が違っているのでしょうか。両者とも、展示されているものは実在しない、という点では一致しています。

物質と魂の間には違いはありません。近代科学はすべての物質がエネルギーであることを承認しています。エネルギーはシャクティ*です。それゆえ、すべてのものはシヴァとシャクティ、すなわち真我と心の中に分解されています。身体はたんなる外観にすぎません。身体それ自体の中には実在は存在しません。

マーヤに関しては、現象はあらゆる意味で非実在であるという考えは拒否されるべきです。しかし永久的に変化しないものだけが実在の名に値します。隠された実在性は別として、世界は実在しません。それゆえ、別の点から言えば世界は実際には霊的な実在そのものなのです。アーナンダ（無上の喜び）はすべての存在の中に住んでいます。

質問者　どのようにしてマーヤを取り除くのでしょうか。

マハルシ　マーヤを征服しようとしてはいけません。あなたの真の状態でありなさい。そうすればマーヤは自発的に去っていくでしょう。それを征服しようとすれば、それはあなたを多くの困難に導くでしょう。

今のままでいなさい！　もしあなたのところになんらかの外来の想念がやってきたならば、それが誰のところに来ているのかを発見しなさい。しかし、あなたが本当の真我であると考えても考えなくても、あなたはつねにそれなのです。真我実現のような単純で明白なことのために、こんなに多くの心配事とこんなに多くのヨーガの技法があるのです！　なぜでしょうか。あなたは本当の真我です。あなたはどのように真我と異なったものであることができるでしょうか。

質問者　あなたはマーヤの教えを支持しています。しかし私は、この椅子が実在であるという私の感覚を、それが非実在であるというあなたの主張と調和させることができません。

マハルシ　あなたの困難の根源は、たとえば「私」と「身体」というような、二つの別個の観念を一つに混ぜ合わせることによって生じている混乱の中にあります。あなたが椅子に気づいたとき、それは「私は身体である」という原初の想念に続いて起こってきている想念なのです。「私は身体である」という想念が、世界の経験についてのすべてのあなたの想念の土台なのです。その想念がまず起こり、

＊訳注　シャクティ（shakti）とは神の力、エネルギーあるいは活動であり、通常神と女神（妻）のエネルギーとして表わされる。

その後ではじめて、他の想念が起こるのです。それが、深い眠りの中でのように「私は身体である」という想念が起こってこないときには、世界の経験もまたあなたの意識の中に入ってこない、という理由なのです。ところでこれらの二つの観念のうち、「私」という想念は持続するものであり、身体の想念は一時的なものです。このことは夢によって明らかにされます。そこではあなたは「私」という感覚をなおもちつづけていますが、肉体には気づいていません。そのようにすべてのあなたの身体的経験とそれにリンクしている世界の経験は、あなたの心に入ってきたもの以外の何ものでもないのです。これが、心は想念以外の何ものでもないと私が言うときに意味していることなのです。「私」は、それがまさに永続的なものであるという理由で、きわめて実在的な存在なのです。想念が止まった後に心を発見しなさい。

質問者　なぜマーヤが働くようになるのですか。

マハルシ　いったいこの質問はどのようにして起こるのでしょうか。あなた自身がマーヤの中にいるのです。あなたはこの質問を発するために、その宇宙の活動（マーヤ）から離れて立っているのでしょうか。すべての疑問が最終的になくなるように、同じ力がこの疑問を提起させているのです。マーヤは神の幻力(イーシュワラ・シャクティ　Iswara-shakti)あるいは実在の活動にほかならないのです。

質問者　われわれは無知です。幻想の大洋をわたる方法を教えてください。

マハルシは答えなかった。三十分後、同じ人物がその質問を繰り返した。

マハルシ　あなたは、あなたが無知であることを知っていると言っています。実際はあなたはすべてのことを知っているのです！　それなのにあなたは知らないと言っているのです。

質問者　存在とは何でしょうか。

マハルシ　それは誕生と衰退がわれわれの本当の状態ではないことを気づかせるために必要なのです。

◆　◆　◆

宇宙は真我の内部に存在しています。それゆえにそれは実在です。しかし、それは真我からその実在性を獲得するという理由でのみ実在なのです。しかし、われわれはその変化する外観と一時的な形を示すために、それを非実在であると呼びます。一方われわれは真我を不変であるという理由で実在と呼びます。

真我を実現した後では、身体やその他のすべてのものが真我とは異なったものとして現われることはありません。

時間と空間の幻想

われわれはやがては真我を達成するか神に到達すると話す。しかし、達成するものは何もないのだ。われわれはすでに真我として存在しているし、また今よりも神にいっそう近づいているときは決してないだろう。われわれはつねに喜びに満ちており、真我として存在しており、無限の今なのだ。われわれの意識は途切れることなく、連続的で、永遠なのだ。今われわれがそうではないと思うのは、すべてマーヤであり、自己催眠なのだ。あなた自身を催眠状態から目覚めさせなさい！　今に気づいている人と将来いつか気づくようになるであろうより高次のもの、神という二つの自己があると思い違いしているのはエゴなのである。これは間違いなのだ。ただ一つの真我だけがあり、それは今もいつまでも十分に気づいている。それにとっては過去も現在も未来もない。それは時間の範囲外にあるのだから。

私はマハルシに、私がした約束は時間の浪費でした、と言った。彼は笑った。

マハルシ　時間というものはありません。どうしてあなたがそれを浪費することができますか。

質問者　もしわれわれが目標に早く到達したいと思うなら、われわれは何をすることができますか。

マハルシ　時間はあなたの心の中にある一つの概念です。目標はつねに存在します。それは発見されるべき新しい何ものかではありません。絶対者はわれわれの本性です。困難はあなたが自分に制限を設けるときにやってきます。

質問者　私は今回は三、四年東洋に滞在するつもりです。

マハルシ　イエスは「明日のことは考えるな」と言いました。

マハルシは若干の新しいカレンダーを贈呈された。

マハルシ　それが何年であるのか、しばしばたいへん疑わしくなったとき、あなたは新しいカレンダーをもってきて、その時代を私に思い出させてくれます。時間は私にとってまったく一つのものなのです。

質問者　時間の経過はグルの恩寵に何らかの影響を与えますか?

マハルシ　時間と空間はわれわれの内部にあります。時間は一つの観念にすぎません。実在のみがあります。あなたの意見がどのようなものであろうと、それは実在が現われる方法なのです。あなたががそれを時間と呼ぶなら、それは時間です。あなたがそれを存在と呼ぶなら、それは存在です。そして若干の人びとは、それを時間と呼んだ後で、それを日や月や年に分割します。実在は新しいものであることはできません。それは現在でさえ存在しなければならず、そして存在します。その状態においては現在も過去も未来もありません。それは時間を超えています。それは永遠に存在するのです。

クリシュナは「私は時間である」と言います。時間は形をもつことができますか。クリシュナによってアルジュナに示された宇宙のヴィジョンでさえ、物質的な平面においてはばかげたものです。見る人は見られるものの中にもいます。催眠術師でさえ、人に奇妙な光景を見させることができます。あなたはそれをトリックと呼びますが、他の人はそれを神の仕業と呼びます。なぜこの相違があるのでしょうか。見られたものは何であろうと実在であることはできません。それが真実です。

質問者　私はここへ戻ってくることはたぶんできないでしょう。ですから私はバガヴァーンの恩寵を請願しています。

マハルシ　あなたはどこへ行こうとしているのですか。あなたはどこへも行きません。あなたが身体であると仮定しても、あなたの身体がラクノーからティルヴァンナラマイへやってきたのですか。あなたはただ車、あるいはあれこれの乗り物の中に坐っていただけです。そしてその乗り物が動き、最終的にあなたはここへ来た、と言っているのです。事実はあなたは身体ではない、ということなのです。真我は動くことはなく、世界がその中で動くのです。あなたはただあるものなのです。あなたの中では何も変化していません。したがってここから出発したように見えた後でさえ、あなたはここかしこ、いたるところにいるのです。舞台だけが変わるのです。

すべての聖典は、二つの意識があるのかどうかを究明するためだけにあるのです。すべての人の経験は、一つの意識だけが存在することを証明しています。一つの意識だけがありますが、われわれはいくつかの種類――身体意識、自己意識などについて話します。意識なしには、時間や空間は存在しません。それらは意識の中に現われるのです。絶対的な意識はわれわれの真の本性なのです。

「メンタリズム」の教理

メンタリズム――身体的・心理的現象は最終的には創造的・創作的な心の立場から説明できるものにすぎない、という理論」（オックスフォード英語辞典）。ポール・ブラントンにとって、メンタリズムの教理は、世界についてのわれわれの体験はそれについてのわれわれの想念以外

の何ものでもないことを明らかにしている。簡単に言えば、心以外には何ものもなく、そして全世界は意識の中に出現したものである。

宇宙は一つの観念にすぎません。すべてのこれらの形態を受け取るのはハートです。それは、その中にエゴも個体的感覚も残していないアートマンと呼ばれます。

アッパール（タミルの聖者）は年をとってよぼよぼでしたが、それでもカイラースへの旅を始めました。もう一人の老人が途中で現われ、たいへん難しいと言ってその試みを彼に思いとどまらせようとしました。しかしアッパールは強情でした。そのときその見知らぬ人は近くのタンク（貯水池）で沐浴するように彼に要請しました。アッパールはそうして、そのときそこにカイラースを見つけました。これはどこで起こったのでしょうか。タンジョールから九マイルのティルヴァイヤールにおいてです。そのときカイラースはどこにあったのですか。それは心の中ですか、あるいはその外ですか。もしティルヴァイヤールが本当のカイラースであれば、他の人にも見えたでしょうが、アッパールだけがそれをカイラースとして見つけたのです。同様に、南インドの他の巡礼地がシヴァの住居と言われています。信奉者たちはそこにそれを見つけました。そしてそれは彼らの立場からは本当なのです。すべてのものは内部にあり、外部には何もありません。

霊魂は誤って自分を肉体と同一視します。身体は心によって投影され、心はそれ自身霊魂から発生します。誤った同一視が止めば、平安と永久に途切れることのない喜びがあるでしょう。生命はあなたの真我である存在です。それは永遠の生命です。逆に、あなたがそうではないときを想像できますか。あなたは無条件の生命です。この身体があなたの心の投影としてあなたに一時的に付着して、あなたは「私は身体である」という考えによって悩まされるのです。もしこの考えがなくなれば、あなたはあなたの真我です。

あなたは眠りの中では身体がなくても存在します。目覚めたときエゴが生まれ、その後に心が存在するようになります。エゴ、心は身体を投影するものです。あなたは、身体が生まれたと言い、そしてそれは死ぬだろうと言います。そしてそれを、あなたは生まれた、あなたは死ぬだろうと言いかえることによって、身体を真我に移しかえるのです。実際、眠りの中ではあなたは身体なしに存在します。ちょうど今はまたあなたが身体といっしょに存在しているように。真我は身体から離れて存在することができます。「私は身体である」という想念は無知です。それゆえ、身体は真我から離れてはいないということは知識です。身体は心の投影なのです。

身体という想念は真我から注意をそらされたものなのです。誰にとっての身体あるいは誕生なのでしょうか。それは真我、霊魂にとってのものではありません。それは自分自身を分離されたものと想像する非自己にとってのものです。

ちょうど守銭奴が自分の財宝をいつも自分のものとして保ちつづけ、決して手放さないように、真我は、それ自身にもっとも近いものの中に、すなわちハートの内部にヴァーサナ（vasanas 生来の傾向と気質）を保護しています。ハートは脳に生命力を放射してそれを機能させます。ヴァーサナはもっとも微細な形でハートの中に囲いこまれ、その後に、高度に拡大されてそれを映す脳の上に投影されます。これが世界が進行させせられる仕方であり、またこれが世界がシネマ・ショー以外の何ものでもない理由なのです。

世界は永遠のものではありません。世界は意識によってだけ認知されることができるのですから、感覚的印象は外部に起源をもつことができません。世界は存在するとは言いません。そう言うのはあなたです。それは**あなたの**印象なのです。しかしこの印象は途切れなく続くものではありません。眠りの中では世界は認知されません。眠っている人にとって、それは存在しないのです。それゆえ世界はエゴの所産です。エゴを発見しなさい。その源が最終の目標です。世界はあなたの心の所産なのです。あなたの心を知りなさい。

世界は、純粋意識の上に現われている現象にすぎないのです。純粋意識は何かに影響されることのないそれ自身なのです。

宇宙は画面に描かれた絵のようなものです。生じたり没したりするものは、それが生じてきたものによって作り上げられているのです。宇宙の終局は真我です。

質問者　これらの対象はどこから生じてくるのですか。

マハルシ　あなたが生じてくるのと同じ場所からです！　主体はまた対象をも含みます！　その一つの外観はすべてを包括する外観なのです。まずあなた自身を見なさい、それから対象を見なさい。あなたの中にないものは外側に現われることができません。

実在するものは決して非実在になることはできませんし、逆もまた同じです。世界は眠りの中では非実在になります。それゆえにそれは決して実在性を保つことはなかったのです。しかし存在、「私」はつねに存在します。それゆえにそれはつねに実在なのです。

第９章

誕生と死

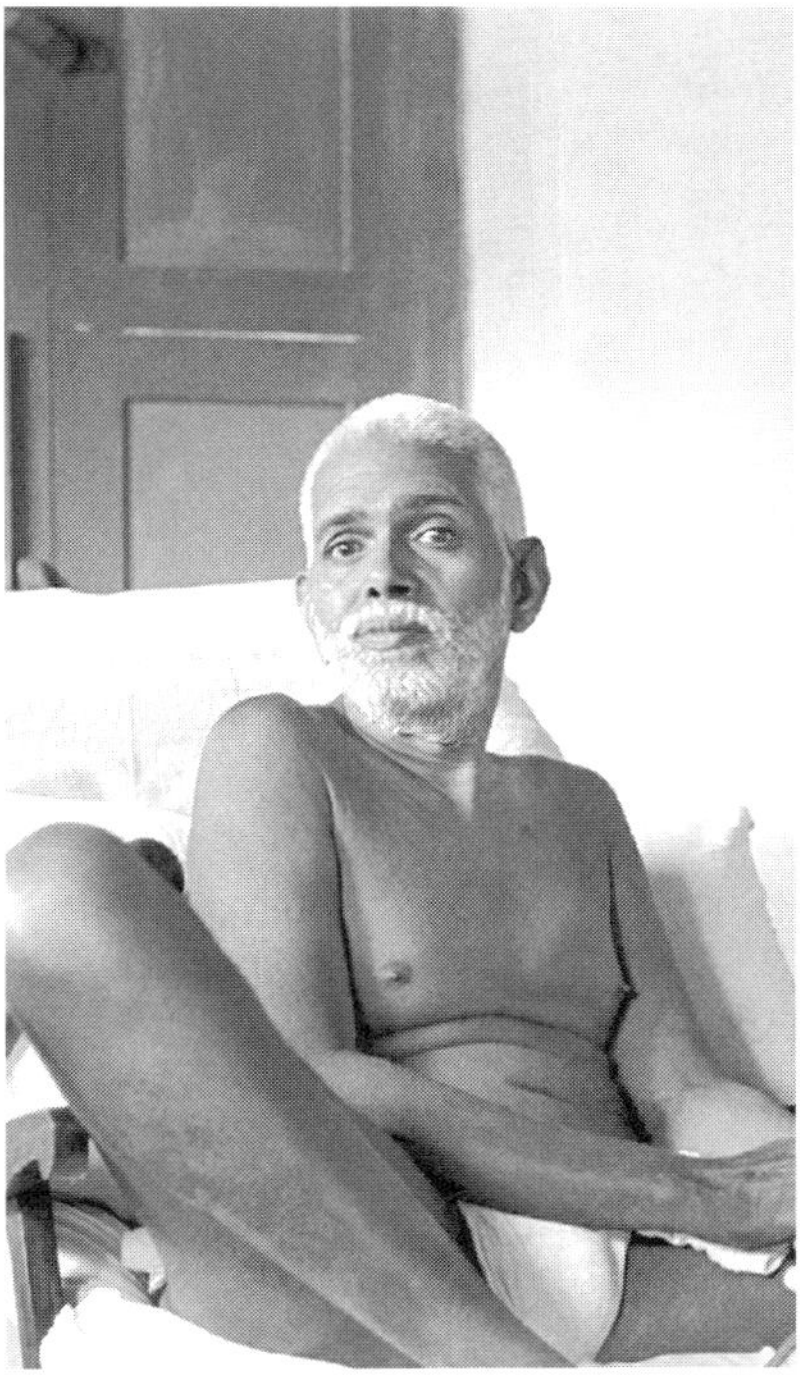

あなたの真の本性を忘れやすいことが本当の死であり、それを記憶していることが本当の誕生である。それは連続する誕生を終わらせる。そうして永遠の生命はあなたのものである。永遠の生命への願望はどのようにして起こるのか。現在の状態が耐えられないからである。なぜだろうか。それがあなたの真の本性ではないからだ。それがあなたの真の本性であれば、あなたをかき乱す願望は起こらないだろう。現在の状態はどのようにあなたの真の本性と異なっているのか。本当は、あなたは霊魂なのだ。人間は自分自身を限定されたものと考えており、それが困難の根源なのである。その観念は誤っている。眠りの中では世界はなかったし、エゴもなく困難はなかったのだ。その幸福な状態から何ものかが目覚めて「私」と言う。そのエゴのために世界が現われる。困難の原因はエゴの発生にある。しかしエゴをその源までたどりなさい。そうすればあなたは差別のない幸福の源、眠りのない眠りの状態に到達するだろう。真我はつねにそこにある。当然のことだが知恵だけが現われるように見える。

死を意識すること、そして（まだ生きている間に）不滅を意識することが進化の目的なのである。

質問者　死とは何でしょうか。

マハルシ　誕生と死、喜びと悲しみ――要するに世界とエゴ――が存在するのは、心の中においてなのです。もし心が破壊されるなら、これらすべてもまた破壊されます。それは絶滅されるべきであって、静かにされるだけではないことに注意しなさい。というのは、心は眠りの中では静かであり、何も知らないからです。目覚めたときになお、あなたは以前のようにとどまっています。たくさんの悲しみがありますが、もし心が破壊されるなら悲しみは背景（原因）をもたなくなり、心といっしょに消えていくでしょう。

死は相次いで起こる二つの誕生の間に存在する眠りであり、一方、眠りは二つの目覚めの状態の間にあるものであり、いずれもつかのまのものです。

サンスクリット語のことわざによれば、「妻は夫の半分の身体」です。夫にとっては妻の死は疑いなく大きな悲しみですが、しかしもし人がアートマン（真我）という点から考えはじめると、悲嘆は少しもありません。聖典によれば、妻は彼女が夫の欲望を満足させることによって夫を喜ばせるがゆえに愛しいのです。したがって、もしこのことすべてがアートマンの喜びと考えれば、どこに悲嘆があるのでしょうか。それに反して、大災害のようなものが起こったときには、真の知識を少しはもちあわせている人びとでさえ、冷静さを失います。眠っているあいだ人は幸福です。眠りの中で人は幸福にとどまっており、妻を見ることはありません。しかし目覚めの状態にある今、眠りの中で幸福であったり悲惨であったりするのです。眠りの中で真我によって享受された幸福を、目覚めの状態でも享受すべきではないでしょうか。身体をアートマンと同一視することが、至福を享受する障害物になっているのです。

存在したものはつねに在りますが、かつて一度も存在したことのないものは存在することができません。誕生とは何でしょうか。死ぬとはどういうことでしょうか。目覚めていることが誕生であり、眠っていることが死なのです。

あなたの妻は、あなたが義務に専念しているときにも、あなたが眠っている間にもあなたといっしょにいましたか。いいえ。彼女はそれぞれどこか別のところにいました。しかしそのときあなたは、彼女が現存していると思いつづけていたのです。彼女が死んでしまった現在、あなたは、彼女が存在しないと思っています。それゆえに、相違はどういう想念が生まれてくるかに依存するのです。それが苦しみの原因なのです。妻が存在しないというあなたの想いが、結果として悲嘆として知られているものへつながるのです。一切のものごとは心のいたずらなのです。喜びや苦しみはすべて心の創造物なのです。

なぜ死んだ人びとのために深い悲しみがなくてはならないのでしょうか。死んだ人びとは束縛から解放されています。死んだ人についての想いの中に入りこむことによって、真我が深い悲しみを創り出しているのです。なぜ、人が死んでいるか生きているかということになんらかの関心をもたねばならないのでしょうか。

あなたはあなた自身のエゴを破壊しなければなりません。もしその人のエゴが死滅すれば悲嘆はまったく存在しません。身体が継続している間に「私」の感覚が無視されているということが、エゴの絶滅と呼ばれるものです。もしエゴが絶滅されていないならば、人は確実に死を恐れるでしょう。人は死んだ人びとのために泣き叫びますが、もし彼らが死ぬ前に「私」が絶滅されていたならば、彼らについて泣き叫ぶ必要はないでしょう。

われわれの幸福の経験は、われわれが身体について考えることをやめていた深い眠りの間においてだけあるのです。ジニャーニ（jnani　真我を実現した人）でさえ肉体から離れた解放について語ります。それゆえ賢者、ジニャーニは、彼の身体を捨てるのを楽しみにしているのです。ちょうど、目的地に着き頭上の荷物を下ろした直後にほっとするクーリー（日雇い人夫）のように、ジニャーニは肉体の形をしたこの荷物を捨てる好機が来るまで辛抱して待っているのです。

したがってその夫の半身と呼ばれる妻の死は、夫をその荷物の半分から解放し、それゆえ彼に幸福を感じさせるはずです。しかしわれわれはこれらのことを肉体的感覚を通じて知覚しますから、このようには考えないのです。ジニャーニは賢明であり、肉体を離れて存在する必要に完全に気づいているけれども、その彼でさえ、身体が永遠なものになるかもしれないことをほのめかして、身体をもったままの解放について語ります。

もし肉体的外観は放棄され、そして人が真我として存在するならば、苦痛は存在しないでしょう。哀悼は本当の愛の指標ではありません。本当の愛は、愛の対象は真我の中にあり、それは存在しなくなることは決してありえないという確信によって示されます。それが本当であってもなお、そのような場合の苦痛は賢者との親交によって和らげることができるだけです。

質問者　死とは何ですか。それは身体が見捨てられることではないのですか。

マハルシ　眠りの中であなたはそれを欲しませんか。そのとき何がうまくいかないのですか。

質問者　しかし、私は目覚めることを知っています。

マハルシ　そうです、想念が再びやってきます。「私は目覚めるだろう」という先行する想念があります。想念が人の生活を支配します。想念から自由であるのが人の真の本性つまり至福です。死とは想念であり、それ以外のものではありません。考える人が問題を引き起こします。考える人をして死によって彼に何が起こるのかと言わせなさい。本当の「私」は沈黙です。人は「私はこれである、私はそれではない」と考えるべきではありません。「これ」であるとか「それ」であると言うことは間違っています。それらはまた限定されたものです。私があるだけが本当なのです。沈黙は「私」です。

質問者　もし人が死ぬと深い悲しみが生じます。わたしたちは同様にすべてを愛することによってその悲しみを避けることができるのですか。あるいはまったく愛さないことによってそうすることができるのでしょうか。

マハルシ　もし人が死ぬならば、生きている他の人に悲しみが生じます。悲しみを取り除く方法は生きることではありません。悲しむ人を殺しなさい。そうすれば悲しみをこうむる誰が残るでしょうか。エゴは死なねばなりません。それが唯一の方法です。二つの選択は同じ事態をもたらします。すべてが真我であるときに、誰が好んだり嫌ったりするでしょうか。

肉体的感覚で見ることをやめ、すべてのものを自分の真我として見はじめた人びとにとっては、いかなる悲しみも存在しません。さらに言えば、この悲しみは本当の愛を表示するものではありません。人が外的対象として表示し形づくる愛は、本当の愛ではありません。本当の愛はつねに人それ自身の真我の中に住んでいます。

王ジョージ五世の死のニュースがアーシュラムにもたらされたとき、チャドウィックの目は涙にあふれ、他の弟子たちも彼に同情してほとんど涙を流さんばかりであった。マハルシは終始沈黙を保っていた後、口をはさんだ。

マハルシ　あなたがた、思慮のない人びとよ！　あなたがたは「死んで」あなた方の本当の真我を発見し、そうして死ぬことなく生きるでしょう。ですから、なぜ第三者の死について心配するのですか。真我は滅びはしません、身体だけが滅びるのです。あなたの唯物論的見解を取り除きなさい！

ポール・ブラントンのペットであるウサギがのら猫によって殺されたとき、誰かが哀悼の意を表わした。

マハルシ　ウサギの魂はまだブラントンの近くにいます。それは消えてなくなったわけではない。それはもういなくなったとくよくよすることはありません。それは死んでいる、したがって静かなのです。

誰かの死の知らせがマハルシに報告された。

マハルシ　それはよいことです！　死んだ人びとは実に幸福です！　彼らはやっかいな、大きくなりすぎた身体を取り除いたのです！　人びとが眠りを恐れるでしょうか。眠りは一時の死なのです。死はより長い眠りにすぎないのです。なぜ人は肉体の束縛の存続を望むべきなのでしょうか。人にその不朽の真我を発見させ、不滅であるようにさせなさい。

人が自分自身を粗大な身体と同一視している限り、想念は粗大な顕現（世界）として現われ、実在と見えるでしょう。生命の流れが存在するように、それは確実に死後も生き残るでしょう。それゆえに、こういう状況の下では、他の世界は存在します。他方、一つの実在は真我であり、それからエゴが現われたということを考えなさい。エゴが真我を見失い、自分自身を身体と同一視し、その結果として無知と不幸がもたらされます。生命の流れは無数の形をもったもの、生と死を通り過ぎていきますが、それでも影響を受けることはありません。嘆き悲しむ理由はないのです。

◆　◆　◆

誰が肉体的な不滅を欲するのですか。われわれはただ一つのこと――悟って真我の中にあること、そしてこの身体から逃げだすことだけを望むべきです。なぜ身体の中で生命を長引かせるのですか。

再生と死後

未来と過去生についてすべてを知りたいと思う部類の人びとがいる。彼らは現在を知らない。過去からの積み荷が現在の不幸なのだ。なぜ過去を想い起こすのか。それは時間のむだだ。

真我は発電機、心は配電盤、そして身体はランプだ。カルマの時間が死をもたらすに至ると、心は電流のスウィッチを切り、光の生命を身体から引きだす。心と生命力の双方は、至上の生命力、真我の現われだ。

再生は、実際には現在の状態への不満と、不満のないところへ生まれることへの欲望を明らかにする。それは身体の誕生だから真我に影響を与えることはできない。真我は身体が滅んだ後にさえ、永遠にとどまる。不満は永遠の真我を滅びるべき身体と誤って同一視することに起因している。

質問者　ヨーギたちはわれわれに死んで見せることができますか。

マハルシ　彼らはたぶんできるでしょう。しかし私にそうするよう頼まないで下さい。私はできませんから。われわれは亡くなった後では当然知っている近親者を、彼らが生まれる前に知っていたでしょうか。

質問者　人は死後どうなるのでしょうか。

マハルシ　生きている現在のことに自分の注意を向けなさい。未来はそれ自身で面倒を見るでしょう。未来のことを心配しないようにしなさい。

質問者　人は死後の状態を知ることができますか。

マハルシ　若干の人びとは死後直ちに生まれ、他の人びとは一定の時間が経過した後生まれます。少数の人はこの世で再生しないで、より高い場所からの救いを獲得します。そしてごく少数の人は、いまここで終焉を迎えます。

質問者　しかし死後の彼らの状態を知ることは可能でしょうか。

マハルシ　それは可能です。しかしどうしてそういうことをしたいと思うのですか。

質問者　私は私自身の息子の死を私の理解のレベルから現実のものと考えるからです。

マハルシ　「私」という想念の誕生があなたの息子の誕生です。その想念の死が人の死なのです。「私」という想念が生じた後に、誤った身体との同一視が生じます。あなた自身を身体と考えるとき、他のものに誤った評価を与え、それを身体と同一視するのです。あなたは息子の誕生以前に、彼のことを考えていましたか。あなたが彼のことを考えているときだけ、彼はあなたの息子なのです。彼はどこへ行ったのですか。彼は、そこから彼が現われてきた源へ行ったのです。彼はあなたとともにいる人です。あなたがいる限り、彼もまたいるのです。

本当の真我を見なさい、そうすれば身体とのこの混同は消えていくでしょう。あなたは永遠です。他の人が永遠であることがわかるでしょう。この真実が悟られるまで、誤った同一視に基づくこの深い悲しみはいつもあるでしょう。誕生と死と再生はきっとあなたに問題を探求させ、誕生あるいは再生などはないことを発見させるでしょう。それらは身体に関わるものであり、真我には関係しないのです。

質問者　あなたは死を見ますか。

マハルシ　はい、夢の中で。

質問者　なぜある魂は子供のころに死ぬのですか。それは、真我の実現を得るべき人生の経験を十分にもたなかったのですから、フェアとは思われません。

マハルシ　あなたはその子の見解を知りません！　あなたの見解はたんなる知的なものにすぎません。われわれとわれわれの子供たちは、すべて神から来たものであり、神の中にいます。神はわれわれとわれわれの子供たちの面倒を見ます。

質問者　死後はどうなのですか。

マハルシ　まず、「生まれたのは誰かあるいは何ものなのか」を探求しなさい。それは身体であり、あなたではありません。あなたの真我がここにあり、存在しているときに、なぜ死のようなあなたを超える事柄について思い悩むのですか。

質問者　人は誕生と死のあいだ、他の世界にどれくらいの時間とどまっているのですか。

マハルシ　時間の感覚は相対的なものです。夢の中で二、三時間のあいだに、あなたは丸一日の出来事を体験するかもしれません。死の世界での微細身において、あなたは同様のことをするかもしれません。われわれの時間にすればほんの百年にすぎないけれども一千年のように思われることを体験するかもしれません。

質問者　われわれの死後、そのメリットあるいはデメリットを享受するような選択がわれわれに提供されると言われています。それは本当ですか。

マハルシ　なぜこれらの死後に関する質問をするのですか。「私は生まれましたか？　私は過去のカルマの果実を受け取っているのですか？」などと、なぜたずねるのですか。これらのことは、あなたがしばらくのあいだ眠っていた後には起こらないでしょう。なぜでしょうか。あなたは眠りの中にいた人と異なるのでしょうか。

あなたは眠りの中、夢の中、目覚めの状態にいた人とまったく同じです。眠りは幸福の自然の状態です。そこに不幸はありません。欲望や痛みなどの感覚は、目覚めの状態においてだけ起こります。起こった変化とは何なのですか。あなたはいずれの場合にも同じですが、幸福について違いがあるのです。なぜでしょうか。今は心が起こっているのです。この心は「私」という想念が生じた後で起こります。「私」という想念は意識から起こってきます。もし人が意識の中にとどまっていたら、人はつねに幸福でしょう。

質問者　個我（ジィーヴァ　jiva）は動物の身体の中にあっても霊的進歩は可能ですか。

マハルシ　それは不可能ではありません。しかし、きわめて稀なことです。

質問者　人間は下等動物として再生することがあるでしょうか。

マハルシ　はい、それは可能です。ジャダ・バーラタ（聖典の中で語られているように鹿として再生した王室の聖者）によって説明されたように。

人間は、想念の最後の訓練あるいは死ぬ前の精神状態いかんによって、動物に生まれ変わることはありえます（これはまた生存中優位を占めていた想念によって創り出されます）。

質問者　類似の教義をもつクリスチャン・サイエンスと呼ばれる宗教があります。それは正しいでしょうか。

マハルシ　はい、しかしその結果に関心をもたないようにしなさい。

質問者　死の直前の状態はどういうものですか。

マハルシ　人が息苦しくあえいでいるとき、それは身体を意識していないことを示しています。一方人があえいでいるのは、時には夢のようであり、現在の状態に気づいていません。

質問者　そのときの心の状態は、その人の次の生まれ変わりを表わしているのですか。

マハルシ　この場合はそのとおりです。しかし他の場合には、誕生と誕生との間の時期であるかもしれません。

◆ ◆ ◆

あなたが眠っていたあいだ、あなたの誕生あるいはあなたが死後どこへ行くかについて、何か質問を発していましたか。今、目覚めている状態において、なぜこれらのすべてのことについて考えるのですか。誕生するということとそのものに、その誕生と救済策、その原因と最終的な運命を考えさせなさい。誕生とは何ですか。それは「私」という想念あるいは身体に属していますか。「私」は身体あるいは身体に属していますか。「私」は身体あるいはそれとの同一視から分離されていますか。この「私」という想念はどのようにして起こってきましたか。「私」という想念はあなたの本質ですか。それともあなたの本性とは別の何ものかですか。

あなたが観察する対象には終焉が来るでしょう。創られたものには破壊と終焉があります。創られていないものに終焉はありません　存在するものは観察されることがありません　そう見えるものが何かを発見しなさい。そうすれば、そう見えるものの破壊が終焉なのです。存在しているものは永遠に存在します。そう見えるものは、それが知らされたときに失われます。

誕生したということはどういうことですか。あなたは誰を人間と呼ぶのですか。誕生、死および死後に対する説明を探し求める代わりに、今あなたが誰であり、どのようにしてあるかについて質問が発せられるならば、これらの質問は起こらないでしょう。あなたは、深い眠りの中にあるときも夢の中にあるときも目覚めの状態にあるときも同じあなたなのです。「私」という想念がジィーヴァ（個我）なのですか。この想念はわれわれの本性なのですか。痛みを感ずるのは身体なのです。真我には痛みはありません。

◆　◆　◆

身体は何度も生まれます。われわれは誤ってわれわれ自身を身体と同一視します。したがってわれわれは絶えず再生すると想像するのです。そうではありません。われわれは本当の真我とわれわれ自身を同一視しなければなりません。真我を知った人は不壊の意識を享受しており、誕生によってあるいは死によって壊されることは決してありません――どうして彼が死ぬことがありうるでしょうか。「私は身体である」と考えている人びとだけが生まれ変わりについて語るのです。「私は真我である」ことを知っている人びとにとって、再生は存在しません。

生まれ変わりは無知があるときにだけ存在します。現在も以前も今後も身体をもつことはありません。これが真実です。

第10章

宗教の意味

すべての（宗教的）教義は、大衆を真我の本当の真理に誘なうための予備段階にすぎない。諸宗教は、開祖の最高の表現と最高の知恵を必ずしも必要としない。開祖は彼らが生きていた時代と人びとの精神的受容力を考慮せねばならなかった。最高の知恵は、大多数の人びとの心にとってあまりにも微細であり、したがって、世界、神、身体、進化などの全体の構造は、人びとが一つの実在——真我の単純な真理を信ずるよりもむしろ、すべてのこれらのことを信じるほうがより容易であるらしいという理由で、公表されねばならなかったのである。そのように、再生（輪廻）、アストラルのレベル、死後の生存などは本当であるが、しかし低い見地からのみ言われてきた。すべては見地の問題である。本当の真我の、最高の見地からすれば、すべてその他のものは架空のものとして消え失せ、実在だけが残る。微細な、アストラルな身体が存在することは本当だ。なぜならば、夢の世界において機能するためには身体が世界にとって必要であり、しかしそれはそれ自身のレベルにおいてのみ実在であり、

一方われわれがそれに気づこうと気づくまいと、一つの真我はつねに実在し、つねにそして永遠に存在するからだ。それゆえそれを探求するほうがいいのだ。なぜなら他の身体は条件付きでのみ実在するからである。

普通のクリスチャンは、神はどこか遠く離れた天空にいて、われわれにはそこに到達する力が与えられておらず、キリストだけが神を知り、彼だけがわれわれを救済できる、と語られるときにはじめて満足する。したがって天の王国は彼の内にあるという単純な真実が語られるとき、クリスチャンは満足せず、その言葉の中にいっそう信じがたい意味を読み取ろうとするだろう。成熟した心だけがすべてのその赤裸々なことの中に単純な真理をしっかりとつかむことができるのだ。

質問者　ヴィシュヌ、シヴァなどは存在しますか。

マハルシ　人間の個人の魂がただ一つの知られた存在なのではありません。そうではなく、この方向で探求を行なう代わりに、なぜあなた自身の内側へ探求しないのですか。これらの観念は誰のところに起こってくるのですか。

質問者　努力して神（God）の助けを求めようとするには、それは礼拝によって得られるべきものですか。それは助けにはなりませんか。

マハルシ　イーシュワラ（神）の恩寵とそれを得るための礼拝は、目標が手の届かないところにあるときのみ必要な、中間的（段階）の手段なのです。それが達成されたとき、神（God）は真我です。言葉を口に出すことが礼拝ではありません。想念をそぎ落とすことがジニャーナ（jnana　真我についての知識）です。それは絶対的存在です。

質問者　私は人格神礼拝を続けるべきでしょうか。

マハルシ　あなたが、あなたは身体であると考える限り、害はありません。それは心の集中に導くでしょう。一点の集中を獲得しなさい。すべてはうまくいくでしょう。

われわれは像や形に礼拝するとき、実際には像の中にあるわれわれ自身に礼拝しているのです。

質問者　私はサンディヤ（sandhya　ブラーミンのための宗教的儀礼）を行なうべきですか。

マハルシ　あなたがそれを必要と考えるなら、ぜひそうしなさい。

質問者　若い頃に聖典を教えられた人びとは、後になってそれを嫌う傾向があります。

マハルシ　感情の激変は年齢が原因ではなく、誤解によるものです。もし正しく教え導かれるなら、彼らはすべて年をとればとるほど聖典を評価するでしょう。

質問者　偶像（人格神）崇拝とは何でしょうか。

マハルシ　それらは深い意義をもっています。それらを礼拝することは心を集中させる一つの方法です。心は外部に向かって動きがちです。それは阻止され内部に向き変えられねばなりません。心の習性は名と形にこだわりたがるのです。なぜなら、すべての外部の対象は名と形をもっていますから。ある名と形は象徴的な概念で、心を外部的対象からそらせ、それを自分自身の内部に住まわせる習慣があります。そのように偶像、マントラ、聖なる音節、儀礼などはすべて心にその内部的経過の中で食物を与え、それによって集中させることを可能にすることを意味します。この後でのみ至高の状態に到達します。

質問者　『バガヴァッド・ギーター』は、世界はひもに通してある数珠玉のようなものだ、と述べています。それはどういう意味ですか。

マハルシ　クリシュナはそれぞれの個我は私と区別されるものではないと言っています。相違は肉体的には明らかです。そしてギーターはその統一性を強調しているのです。

質問者　しかし、その統一性は、主と一つに合体した後にのみやってきます。

マハルシ　今われわれはどこにいるのですか。われわれ自身と幻影は、すべてかれの中にあります。

質問者　困難はそこに到達することの中にあります。

マハルシ　到達するものはありません。なぜならそれはいつもあるのですから。もし、真我が新しく獲得すべきものであるならば、それはいつもあるものではないでしょう。

◆　◆　◆

無限の力がなければ、神、本当の真我、この世界は存在しないでしょうし、このお香は焚かれないでしょう。この真我はすべての形の中にあります。それだけがそれらに実在性を与えます。それゆえ光り輝く一者は、自分自身をすべての他のものの中に発見します。というのは彼は単一性を発見し、そしてもはや多様性を認めることはありません。

なぜなら、クリシュナはアルジュナに宇宙の形のヴィジョンを与え、それはイーシュワラ自身が宇宙をそのようなものとして見ることを意味するのではないのですから。かれはなんらの個別性を見ることはありません。かれは真我だけを見ています。クリシュナはアルジュナに彼が見る助けとなる

「眼」を貸し与えたにすぎません。

人びとは彼ら自身を身体と見なしているあいだ、その本性が形のない魂であることを知らず、彼らは自然に至高の神は形をもっていると見なす誤りに落ちこみます。真我の実現が双方のための治療法です。

質問者　絶対者はそれ自身を知っていますか。

マハルシ　永遠の意識は知識と無知の双方を超えています。あなたの質問は主体と対象を前提としています。しかし絶対者は両方を超越しています。それは知識それ自体です。

質問者　どのようにして神を見るべきですか。

マハルシ　内部に。もし心が内部に向けられるならば、神は内なる意識として顕現します。

質問者　しかし神はわれわれが周りに見るすべての対象の中にはいないのではないですか。

マハルシ　神はあらゆるものの中に、そして見者の中にいます。どこに神は見られるでしょうか。かれは外部には発見することができません。かれは内部に感じられなければなりません。対象を見るためには心が必要です。そして神を対象の中に想像することは、もっぱら心の作用です。しかしそれは実在ではありません。心を追放した内部の意識が神として感じられるのです。

質問者　これらの神々のうち真我に関係する神像はどれですか。

マハルシ　シヴァ、ガナパティ、ブラフマーのようなその他の神々が人間の観点から存在します。すなわち、もしあなたが、あなたの個我を実在的なものであり存在するものとして考えるならば、かれらもまた存在します。ちょうど一つの政府が高級官僚を政府の存続のためにもっているように、創造者もそのようにするのです。しかし至高の絶対者、真我の観点からはこれらの神々はすべて幻影であり、一つの実在の中に合一されねばなりません。

質問者　なぜそのように多くの神の名をあげられるのですか。

マハルシ　あなたはただ一つの身体をもっているだけです。しかしそれはどれだけ多くの機能を演ずるでしょうか。すべての機能の源はただ一つだけです。それは神々と同じものです。

一つのものを悟ることによって、われわれは多くの神々を知ります。

質問者　私に神の存在を確信させてください。

マハルシ　真我の実現がそのような確信を結果としてもたらします。

質問者　神は人格的なものですか。

マハルシ　そうです。神はつねにあなたの前に立っている第一番目の人です。われわれはすべてのものを放棄して、前に立っているただ一人の神を作り出さなければなりません。

質問者　私が内部を探しても応答がありません。

マハルシ　探求者が応答なのです。それ以外に応答はやってくるはずはありません。やってくるものは本当のものではありえません。あるものが本当なのです。人は彼自身の本性の中の存在を助けることはできません。彼はそれを知らねばならないだけなのです。

質問者　美徳に報酬を与え罪を処罰するものであるイーシュワラ（主宰神）、一つの分離された存在は実在しますか。神はおられるのでしょうか。

マハルシ　はい、おられます。

質問者　神に終焉はあるのですか。神は宇宙の消滅（プララヤ　pralaya）の中で消失するのでしょうか。

マハルシ　宇宙の消滅はマーヤ（幻影）によって作られた典型なのです。もし、あらゆる欠陥と限定をもったあなたが、知恵（jnana）によってプララヤ（宇宙の消滅）とサムサーラ（輪廻転生）を超越することができ、真我の実現に到ることができるならば、あなたよりも無限に知的であるイーシュワラは、プララヤをはるかに超越していると期待することは道理にかなっていませんか。あなた自身を知ることによってあなた自身を啓発しなさい。

質問者　イーシュワラとはどのようなものですか。

マハルシ　イーシュワラは滅しやすい心と身体の中にある個人的性格をもっていますが、同時にかれはまた内面的に、超越的な意識と解放をもっています。人格神あるいは至高の宇宙の創造者であるイーシュワラは存在しています。しかし、これは究極の真理を実現していない、個我の実在性を信じている人びとにとっての相対的な観点からのみ真実であるにすぎません。絶対的な観点からは、賢者は唯一で形のない非人格的な真我以外のなんらかの他の存在を受け入れることはできません。

イーシュワラは肉体、名と形をもっていますが、それはこの物質的な身体ほど粗大ではありません。それは信奉者によってつくられたヴィジョン、形の中に見られます。神の名と形は多くさまざまであり、それぞれの宗教によって異なります。彼の真髄は、唯一の存在であり形をもたないわれわれの本当の真我と同じです。それゆえ彼がとる形は創造物あるいは外観にすぎません。

イーシュワラは宇宙の至るところで、どの人にもどの物質的対象物の中にも内在しています。すべての物事と存在の総計が神を構成しています。その中のごく小さな部分がすべてのこの宇宙になり、残りは取っておかれます。この取っておかれた力とそれに加えて物質的世界として現われた力との両方が、いっしょになってイーシュワラを構成しています。

この創造者を礼拝するためにはわれわれは神の本性とそれに対するわれわれの関係を理解しなければなりません。すべての道徳的な行為、すべての合理的な思考が、この神の正しい礼拝なのです。神を理解するために、限界がありながら最善を尽くす西欧の懐疑的な人びとでさえ、正しい礼拝を行なっています。本当の源はこの相対的な神ではなく、これを通じて到達されるものなのです。

質問者　あなたは、われわれがその内部に神的な中心を見いだすであろうと言われます。もし個々人が中心をもつならば、何百万という神的中心があるのでしょうか。

マハルシ　円周をもたないただ一つの中心だけがあります。内部に深く潜り、それを発見しなさい。かれあるいは見る者、つまり真我に対して瞑想すれば、すべてのものがそれに変えられる「私」という心のヴァイブレーションが生じます。「私」の源をたどれば、原初の「私は私」(真我)だけが残ります。これは言い表わせないものです。

質問者　天空の世界(天国)は実際に存在しますか。

マハルシ　あなたがこの世界が実在すると思う限り、それはまた実在します。なぜそれは存在するはずがないのですか。

質問者　しかしそれらの世界はたんなる観念にすぎないのではありませんか。

マハルシ　実際にはなんでもみな、あなたにとっては一つの観念なのです。心を通じて、そしてその観念として以外に、あなたにとって現われるものは何もありません。

質問者　それではこれらの世界はどこにあるのですか。

マハルシ　それらはあなたの中にあります。

◆　◆　◆

クリシュナはときおり生まれてくる、世界が必要とするときにはいつでも、と言われるのは、彼を身体であると誤解している無知な人びとの機嫌をとるための譲歩です。彼は実在であり、したがって生まれることはありません。

自由意志とカルマ

運命の問題と自由意志は、両者の根源について、よく調べることを怠っている人びとにとってのみ生ずるだろう。その原因を知ることは、決して運命と自由意志のどちらかの考えを受け入れることではない。

この宇宙にあるいずれのものも、みな一つの至高の力によって動かされている。しかし、もし人びとが彼らのために指定された前もって運命づけられた道を堅く守ろうとしないで、その限界を超えて道に迷うならば、神は彼らを処罰し、そのことを通じて彼らは真我のほうに向きを変える。しかし処罰が終わると、彼らは礼拝をやめて再び罪を犯し、それによって増大する処罰を招く。動揺や不安は運命からはずれたことのしるしであり、一方、指定された道を守っているとき、彼らは平安と満足のままでいるだろう。彼らは真我としてとどまっているべきであり、神の与えたものを超えて、願望や野心への道に迷いこもうと求めるべきではなく、利己心なくあるべきである。

質問者　自由意志のようなものがありますか。

マハルシ　それは誰の自由意志なのですか。あなたはそれがあなたのものだと信じています。しかしあなたは、意志と運命の力を超えているのです。それとしてとどまりなさい、そうすればあなたはそれらを両方とも超越するでしょう。それは意志によって運命の力に打ち勝ったことを意味します。運命の力は克服されうるものです。運命はカルマの結果です。しかし悪いヴァーサナ（vasana　生来の傾向と気質）はサットサン（satsang　賢者あるいは存在すなわち真我との交わり）によって克服され、個々人の経験は個有の観点から判断されます。

私はいまカルマの果実を享受しています。私は過去においてそうしましたし、未来においてそうするでしょう。この「私」とは誰なのですか。カルマとその享受を超えて純粋意識であるべきこの「私」を見つければ、自由と幸福は発見されます。そこには努力はありません、なぜなら真我は完全であり、獲得すべき何ものもありませんから。個性をもって存在する（個我である）限り、人は運命の享受者であり行為者です。しかし、もしそれが失われれば、神性が行為し、出来事の方向を導くでしょう。制約や規律はジィーヴァ（個我）にとってのものであり、ムクタ（mukta　解脱者）にとってのものではありません。聖典は自由意志は善であり、運命の力は克服できる、と（暗に）言います。それはジニャーナ（jnana　知恵）によって成し遂げられます。「あたかも燃える火が薪を灰にするように、おおアルジュナよ、知識の火はすべてのカルマを灰にするのだ」（『バガヴァッド・ギーター』第四章）。

何か出来事が起こると、われわれはそれを他のある事柄、あるいはある人のせいにしがちです。しかし、われわれの経験は自分自身によってすでに創り出されてきたということが事実であり、われわれがそれに値すると思うこと以外の何ごとも生じていないのです。他の人がわれわれに何をすることができるのですか。ラーマとシータが草の寝床の上に横たわっているのを見て、ラクシュミが悲しんでいたとき、ラーマがラクシュミに言ったことを考えてごらんなさい(注)。

われわれに起こったことに、他の人びとは何の責任もないのです。彼らは、なんらかの仕方でわれわれに生じたことのための、たんなる道具にすぎないのです。強い信念をもち恐怖に負けないようにしましょう。何ごとが起ころうと、それはわれわれのプラーラブダ（prarabdha　今世で結果をもたらす人の過去のカルマの部分）によって起こるのです。それ自身で尽き果てさせるようにしましょう。邪悪な意図と邪悪な行為は、邪悪な気があるものに本来そなわっているものなのです。しかし、彼らの邪悪な意志は彼ら自身の上に引き戻されるだけであって、われわれには、影響を与えることはありません。というのは彼らがそれを願っているという単純な理由からです。人は自分自身のことを考えないよう求められています。ですから、他の人びとに関しての心配事がどうしてありうるでしょうか。

（注）『ラーマヤーナ』によれば、ラーマは過去における彼ら自身の行為の結果として、彼らが（森の中でこうむっている）苦境に追いこまれていたこと、また彼らは他の人びとが正義を行なう主の手の中での道具にすぎないのだから、誰か他の人を責めることはできないことを指摘している。

質問者　石などは永遠に石としてとどまるよう運命づけられているのですか。

マハルシ　誰が石を見るのですか。それらは、心に次々と刺激されるあなたの感覚によって知覚されます。したがってそれらは、あなたの心の中にあるのです。それは誰の心ですか。もし真我が見いだされていれば、この問題は起こらないでしょう。真我は対象物よりいっそう親密なものです。主体を見いだしなさい。そうすれば対象物はそれ自身で面倒を見るでしょう。

◆　◆　◆

個々の人間は、彼らのカルマに耐えなければなりません。しかしイーシュワラはかれの目的のために、カルマを最大限に活用しようとします。神はカルマの果実を操作します。かれはそれに加えたり、それから減じたりはしません。個々の人間の潜在意識は、よいカルマと悪いカルマの貯蔵所なのです。イーシュワラはこの貯蔵所から、それが快楽であろうと苦しみであろうと、そのときの人の霊的進化にもっとも適しているものを選択します。そのように、そこには恣意的なものは何一つありません。

明け渡し（放棄）

明け渡しなさい。そうすれば万事がうまくいくだろう。すべての責任を神の上に投げ出しなさい。重荷に耐えてはいけない。そうすれば運命は何をすることができるだろうか。もし人が神に明け渡すならば、不安の原因は何もなくなるだろう。もし、あなたが神に保護されるならば、何もあなたに影響を与えることはないだろう。救済の感覚は、神あるいは真我への信頼に直接に比例する。

人が神に対する奴隷として明け渡しをするならば、最終的にはすべての人の行為は神の行為であるということがわかる。「私」と「私のもの」という感覚は消え失せる。これは「神のご意志を行なう」ということを意味する。自分のアハンカーラ（エゴ）を失ったことを理解した人びと、そしてイーシュワラと異なったものではないという人びとはジニャーニである。これはヴェーダーンタであり、シッダーンタの前身であるが、しかし目標は同じであることを理解しなさい。

質問者　明け渡しは不可能です。

マハルシ　そのとおりです。はじめは完全な明け渡しは不可能ですが、部分的な明け渡しは誰にとってもきっと可能ですし、最終的には明け渡しに導くでしょう。ところで、もし明け渡しが不可能であるならば、何がなされうるのでしょうか。他の方法ではどうしようもないのですから、心の平安がもたらされることはないでしょう。心の平安は明け渡しによってのみなされうるのです。

質問者　部分的な明け渡しは、運命の力を解きほどくことができるでしょうか。

マハルシ　そのとおり！　それはできます。

質問者　自己放棄とは何でしょうか。

マハルシ　それは自己制御と同じものです。制御はサムスカーラ（過去から続いている心の印象または傾向）を取り除くことによって効果をあげられます。エゴはより高次の力を承認するときにのみ屈服します。そのような承認が放棄であり、それは自己制御と同じものです。さもないとエゴは、自分の肩の上で塔を支えているかのように見える塔の上に突き出た彫像のように、とどまったままでいるのです。エゴはこの高次の力なしには存在することができませんが、しかし自発的に行為していると思っているのです。列車の乗客は、愚かさから彼の頭上の荷物を持ちつづけています。彼に荷物を降ろさせなさい。その荷物はまったく同じように目的地に到着するでしょう。同様に、自分が行為者であるかのような態度をとることをやめましょう。そしてあきらめてわれわれを導く力を受け入れましょう。

創造

創造以前の状態と創造それ自身のプロセスは、あなたが現在を知るために聖典の中で論じられている。あなたは生まれると言うのだから、それらの聖典もまたそう言い、そして神があなたを創造したことを述べる。しかしあなたは神あるいは何らかの他のものをあなたが眠っているときに見るだろうか。もし神が実在であるならば、なぜ彼はあなたが眠っているときに輝き出ないのか。あなたは今も眠っていたときと同じである。なぜ二つの状態の感じと経験に違いがなくてはならないのか。

質問者　なぜクリシュナは進化について語るのですか。なぜバガヴァーンは進化を信じるのですか。

マハルシ　進化は一つの状態から他の状態になることでなければなりません。違いが認められないのに、どのようにして進化が生じうるでしょうか。『ギーター』はどのように始めているでしょうか。あなたがそう見なすように、生誕もなく死もなく現在もありません。実在は過去にもあったし、現在もあり、未来にもあるでしょう。それは何の変化もありません。後にアルジュナはクリシュナに、彼が自己の本性に無知であった以前にどのように生活してきたかをたずねました。アルジュナが自分を肉体と混同しているのを知り、クリシュナはそれに合わせてアルジュナに話しました。その教示は多様性を見ている人へのものでした。しかし、ジニャーニの観点から見ると、自分自身のためあるいは他の人のためにも束縛あるいは解放はありません。解放は束縛があった場合にのみありえます。実際には束縛はなく、その結果解放はありません。時間の問題は存在しません。今この想念を停止させなさい。あなたがヨーガを修練しようとしまいと、あなたはあなたの本来の状態の中にだけいるのです。

質問者　ヴェーダは宇宙進化論を含んでいます。絶対者ブラフマンはアーカーシュ（akash　宇宙空間、エーテル）を創造し、後にそれが宇宙におけるすべての要素になったと言われています。いかにして無から何かが生じたのでしょうか。ところが、ヴィヴェーカーナンダは時間の始めについて質問され、「どのようにしてあなたは永遠に流れている時間がそこから始まる一点を固定することができるのか」という妨訴としての反対質問をもちだし、そしてその質問が非論理的であると断言しました。彼の答えは論理的であるかもしれませんが、心を満足させるものではありません。

マハルシ　あなたが言及する宇宙進化論は、一つの絶対者が欠くことのできない実在であり、その他のすべては非実在である、というものではありません。世界の起源についての教えは、一つの補足的な根拠にすぎません。これらの引用部分は、世界のより完全な観念を得たいと願い、世界の創造と破壊について探求する人びとのためのものですが、もし本質的な教えとあなたの見解の中にある諸章句とのあいだに矛盾があるならば、あなたの見解の中にあるものを捨て、前者を受け入れなさい。聖典は異なる諸条件に適合しようとしますが、その精神は同一です。質問はある観点からたずねられていますが、答えは同一の観点から与えられています。聖典はより高次の力（真我）の存在とそれを獲得する方法を指し示す有益なものです。聖典の精髄は独りでいることであり、そしてそれが実現されたとき、聖典は無益なものです。それは求道者の成長に合わせているがゆえに、大部なものです。人はある段階で上昇するとき、より高い段階へのステップを超えた部分にいることに気づく、といったようにです。人びとは彼らの永遠の自己自身の真実を理解することができないがゆえに、彼らは（現状を）超えてあるもの――天国、地獄、再生などを熱心に求めます。しかし、その他のあらゆる場所をさまよい歩いた後に、彼らは最後にはただ真我だけに帰らなければなりません。それならなぜ今それをしないのですか。結局、他の世界は目撃者としての真我を必要としているのです。他の世界の妥当性は、目撃者（真我）の妥当性と同程度であるときだけです。

絶対者には創造あるいは破壊はありません。心が現われるときにだけ世界は現われます。創造と破壊はいずれも運動ですが、それは絶対者の土台におけるものではありません。その運動はシャクティ（shakti　神のエネルギーあるいは活動）のものであり、そして永遠です。

質問者　存在はつねにサッチターナンダ（satchitananda　存在、意識、至福）です。なぜ神はわれわれを困難の中に置くのですか。なぜかれは創造したのですか。

マハルシ　神がやってきてあなたに、かれがあなたを困難の中に置いたと言うのですか。そう言うのはあなたです。その上、それは誤っています。もしそのようなことがなくなれば神が創造したというようなことを言う人は誰もなくなるでしょう。あるものは「私がある」と言いさえしません。というのは、「私ではない」というようななんらかの想念が生ずるでしょうか。そのような場合にだけ人は「私がある」ことに自分で気づくにちがいなく、そうでない場合には気づくことはありません。たとえば、一人の男がいつも「私は男である」と言うでしょうか。彼はそうしません。他方、もし彼が雌牛あるいは水牛であるという想念が生じたならば、彼は、彼が雌牛ではなくて「私は男である」ということに自分で気づかねばなりません。こんなことは決して起こらないことです。人それ自身の存在と真我の実現の場合も同じことです。

第 11 章

グルと賢者たち

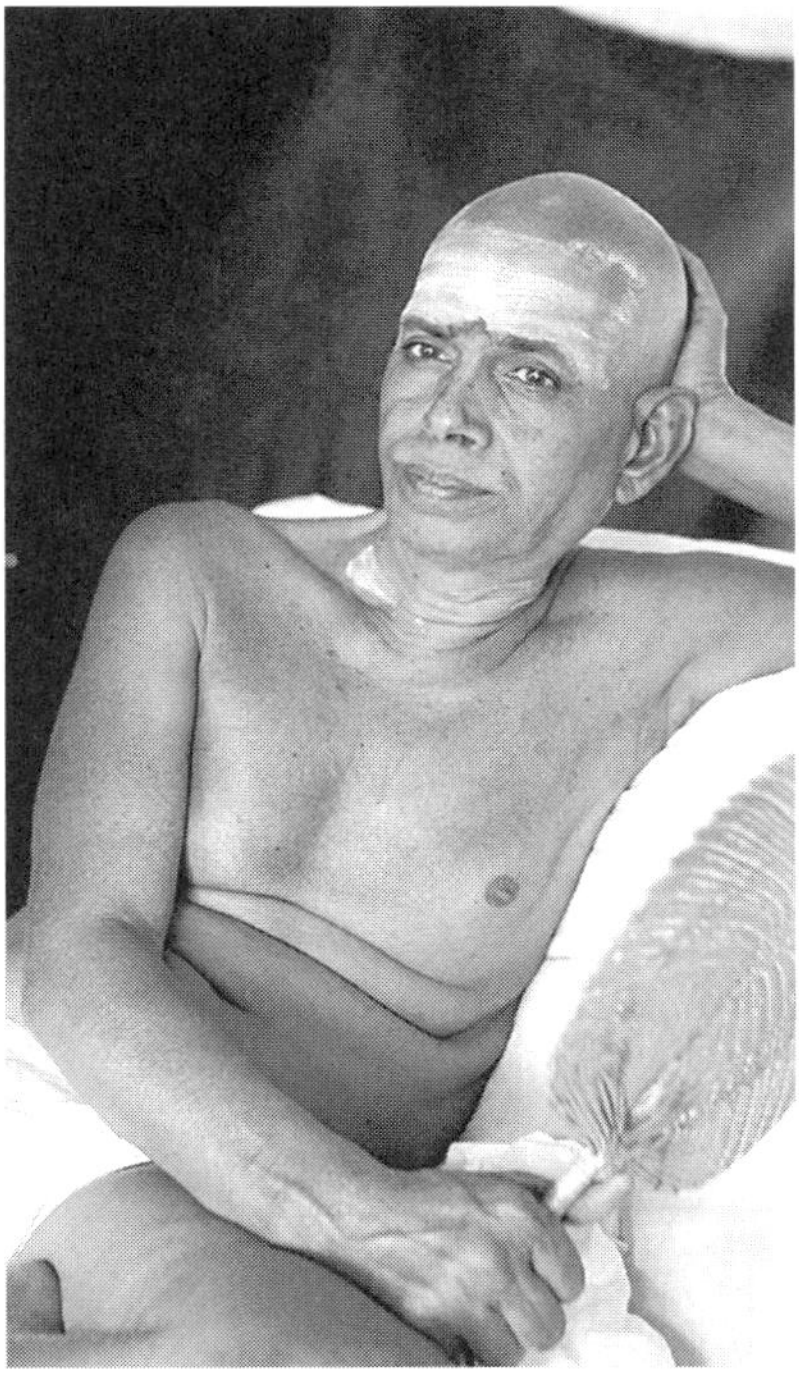

真我を実現した人は、自分自身を他のものたちの中に見る――彼らはその人自身と異なってはいない。賢明な人びととともにいれば、彼は賢明である。しかし無知な人びととともにいれば、彼は無知になる。子供たちとともにいれば、彼は遊び、そして博学な人びととともにいれば、彼は博学であるだろう。

真我を実現した人は、なまけ者あるいは怠惰な雄蜂と見なされるべきではない。彼のパワーは絶え間なく成長し、そしてもしそれが彼のカルマであるなら、時がたつにつれて、彼は成長してオカルトのパワーを現わすかもしれない。これは現実の世界においてはジニャーニ(jnani　真我を実現した人)にとって一種のスポーツにすぎないものだろう。彼はなんらの関心も、あるいは役に立つ特定の目的ももたないのだから。しかし、もし彼のプラーラブダ(prarabdha　今世で結果をもたらす過去のカルマの部分)が別のものであれば、シッディ(siddhi　超自然力)は現われないであろうし、いつでも、また生まれつきアートマンの中に安息している賢者は、何か他の道を探し求めることはしない。

一人の人物が真我を実現したとき、宇宙の生命の流れは彼のものになり、そして彼はその手の中の道具になる。彼自身の分離された意志は消え失せる。これは本当の自己放棄である。これは最高のクンダリニ（kundalini　神的な宇宙エネルギー）であり、これは本当のバクティ（bhakti　帰依）であり、これはジニャーナ（jnana　真我についての知識）である。

真我を実現した人たちは、たとえ彼らが洞穴の中に静かに坐っていても、多くの人びとを引き寄せる霊的影響力の波動を送りだす。われわれは真理についての講義を聴くことはできるが、その主題をほとんど把握することなく立ち去っていく。しかしジニャーニとの接触は、たとえ彼が話さなくとも、ずっと多くの理解を与えるであろう。ジニャーニは公衆の間に出て行く必要はないが、もし必要なら他の人たちを道具として使うことは可能である。

グルの顔や形に対する瞑想は初心者のためだけのものである。より進んだ弟子は真我に対して内部に集中すべきである。これはグルに対して瞑想することと同じである。なぜならグルは真我を伴った人だからである。

質問者　グルは自分自身のパワーを伝導することによって、弟子に真我を実現する力を与えることができますか。

マハルシ　できます。しかしグルが実現をもたらすのではありません。彼はたんにそのための障害物を取り除くだけです。というのは真我はつねに実現されているのですから。

質問者　どんなに不完全なものであっても、人は自分の知識を教えるべきでしょうか。

マハルシ　もしそれが人のプラーラブダ・カルマであるなら。

質問者　イニシエーションの際、移転されるべき何ものかがあるでしょうか。

マハルシ　移転とは弟子であるという感覚の根絶を意味します。師がそれを行ないます。それは、その人があるものを、そのときにあるいは後に、他のあるものに変形させられたことではありません。

真我を見る人は、他の人たちが真我を見ることを助けるパワーをもっています。彼が本当のグルであり、そのことがイニシエーションにほかなりません。

質問者　ヴィヴェーカーナンダはグルが霊性を移転すると語っています。

マハルシ　移転されるべき実体があるのですか。移転とは実は、弟子であるという感覚の根絶を意味します。

質問者　グルは人間の身体をもたねばならないのですか。

マハルシ　あなたがあなた自身を身体と同一視しているがゆえに、この質問をしているのです。あなたが身体であるかどうかを発見しなさい。『バガヴァッド・ギーター』は、シュリー・クリシュナの超越的本性を理解することのできない人たちは愚か者であり、無知によって誤解させられている、と言っています。師はその無知を追い払うために現われます。タユマナヴァールが指摘したように、ちょうど、鹿がジャングルの中で他の鹿を捕らえるためのデコイ（おとり）としてを使われるのと同じように、彼は人の無知を追い払うために現われるのです。師は、「私は身体である」という考えのわれわれの無知を根絶するために、身体をもって現われねばなりません。

質問者　神智学の人たちは師を探し求めて瞑想します。

マハルシ　師は内部にいます。瞑想は､師が外部にいるという無知な考えを取り除くためのものです。もし彼が、あなたが来るのを待っている見知らぬ人であるならば、彼はまたきっと消え失せるはずです。そのようなつかのまの存在が何の役に立つのですか。しかし、あなたが、あなたは個我あるいは身体であると考えている限り、師は必要であり、身体をもって現われるでしょう。この誤った同一視がなくなったとき、師は真我として発見されるでしょう。

質問者　あなたは、臨終におけるあなたのお母さんに救済を与えましたか。

マハルシ　誰かが他の人に解放を与えることができるのですか。いいえ、できません。人それ自身のジニャーナだけが、人に解放を与えることができるのです。

質問者　ババ(注1)が自分はアヴァタール（化身）であると言っています。それは本当ですか。

マハルシ　私は何を言わなければならないのですか。これは求道者たちが実は本当に考える必要のない質問です。階層のより低いところにいる人びとがそのような質問にエネルギーを浪費しています。すべての人は神のアヴァタールです。真理を知る人はあらゆる外観において神を見ており、その他の誰をも神の顕現として見ています。

質問者　私はあなたのおられるところを離れて遠い私の家に帰るのは気が進みません。

マハルシ　あなたはいつも私がいるところにいると考えなさい。そう考えればすべてがよい、と感じるでしょう。

質問者　私は願っているようにたびたびあなたを訪ねることができません。

マハルシ　あなたは来なくていいし、来られないことを落胆する必要はありません。あなたがたとえどこにいても、あなたの真我からはぐれてさまようことのないようにしなさい。

マハルシが一人の帰依者に対してトラータク（tratak　固定した対象をまばたきせず見つめるヨーガの修練）をしていたとき、右目で上をじっと見ながら、一方左目は斜角で見つめる、というこの奇妙な不釣合いを保つと、彼は時々やぶにらみになってしまう。その印象はいくぶん風変わりで謎めいている。はじめに彼はその凝視を天井に持ち上げ、その後トラータクに移る前にそれをゆっくりと水平になるまで下ろすのである。

◆　◆　◆

ラーマクリシュナ・ミッションのスワミ・シッデシュワラーナンダは、次のような出来事を私に語った。「ある日の朝、七時に私がホールで坐っていたとき、ナンマールワール(注2)の宇宙意識のヴィジョンを形に表わしている詩の節についてマハルシにたずねた。マハルシは次のよう

（注1）質問者はおそらくブラントンが以前に会ったメール・ババに言及している。『秘められたインド』（日本ヴェーダーンタ協会）参照。
（注2）十二人のヴィシュヌ派の聖者の一人。

に答えた。『私がタミル語の他の詩から、若干の類似の節を朗唱しよう。私が一語一語を繰り返すやり方に注意を払いなさい。そうすれば、あなたのように、西海岸から来たマラヤラム語を話す人であっても、理解することができるだろう』。詩節は神の愛について言及していた。ひと筋の日の光が窓を通して彼の顔の上に降り注いでいた。彼がようやく二行を読み終えたとき、私は涙が彼の顔に流れ落ちるのに気づいた。一語一語の意味をあまりにも鋭敏に感動的に感じたかのように、そこで話すのをやめた。彼の周りには愛の雰囲気がただよっていた。二、三時間のあいだ彼は沈黙したままであり、本は彼のひざの上に置かれたまま詩の残りの部分は読まれることなく、神に感動したトランス状態で彼の眼は開かれている」。

そのスワミは、以前には、マハルシはドライで冷たく無関心なタイプの人であるという印象をもっていた。この体験は、マハルシがいかに深く感じることのできる人であるか、ということを見せてくれたのである。

質問者　教師は必要ですか。

マハルシ　どんな種類の肉体的なまた精神的な訓練によっても、われわれが有能な教師を探し求めるという――同じルールは霊的なことにも適用されます。

質問者　霊的進歩のためにグルは必要ですか。

マハルシ　そうです。しかしグルはあなたの内部にいます。彼はあなた自身の真我とともにいる人です。

質問者　グルは必要ですか。

マハルシ　はい、グルは必要です。彼は真我への道を指し示し、あなたのために灯りを持ち運びます。

グルはすべての人びとを真我として見ます。彼にとって無知な人は一人もいません。彼は、それらの人びとと彼との間の違いを何も見いだしません。

質問者　グルは絶対に必要ですか。

マハルシ　あなたの中に二元性が続いている限り、グルは必要です。グルを真我として、あなた自身を個我それ自身として受け取りなさい。あなたはあなた自身を身体と同一視するがゆえに、グルもまた誰か人であると考えます。しかし、あなたは身体ではないし、いずれも（あなたも身体も）グルではありません。あなたは真我であり、そして真我がグルであるというこの知識は、あなたが真我の実現と呼ぶものによって獲得されます。

質問者　グルは贈り物として真我の実現をわれわれに与えることができますか。

マハルシ　グルはその道における非常に強力な助けですが、あなたの努力もまた欠くことができません。太陽を見るのは**あなた**です――あなたのメガネは、あなたのためにそれをすることができますか。**あなた**はあなたの本当の性質を見なければなりません。

質問者　有能なグルは私に大きな助けとなってくれませんか。

マハルシ　なります。あなたが今もつことのできる光とともに努力を続けなさい。そうすればあなたは、あなたのグルに会うでしょう。彼自身があなたを探し求めているでしょうから。

質問者　プラジャーナンダはあなたの弟子になることができるかどうかをたずねたと書いています。

マハルシ　すべてこれらのグルと弟子は、弟子の立場からのみ存在します。真我を実現した人にとっては、グルも弟子もなく、一つの真我だけがあります。グルは弟子なのです。それは、あなたが彼を分離されたものと考える身体意識をもっているからにほかなりません。

質問者　しかしグルは助けを与えることができますか。

マハルシ　はい、きっと、彼は助けることができます。

質問者　ところであなたへの信頼と愛が、彼が見せる必要のあるすべてであることを、彼に話しましょうか。

マハルシ　はい。

質問者　人はどれだけの間、グルを必要とするのでしょうか。

マハルシ　無知が存在する間。グル――言いかえれば、神が顕現している――は神があなたの中にいて、かれが真我であると言って帰依者を導きます。これが心の内向性を導き、最終的には真我の実現をもたらします。真我の実現までは努力が必要です。それでも、真我は自発的に明らかになるにちがいありません。自発的な状態が得られるまでは、なんらかの形の努力が要求されます。

質問者　どのようにすれば、私に約束されたグルに会うことができますか。

マハルシ　熱烈な瞑想が成熟をもたらします。賢者の一瞥《べつ》は結果をいっそう浄化します。もしあなたが、あなた自身の実在を理解するなら、リシ（rishi　賢者あるいは予言者）の実在もあなたにとって明瞭になるでしょう。一人の師だけがおり、そしてそれが真我です。一人の創始者が世界中のすべてのグルを通じて機能します。そのようにグルと一人の創始者とのあいだに違いはありません。創始者がかれの教えとイニシエーション——それは最高のものです——を沈黙の中で授けます。

質問者　どのようにして人は有能なグルを見分けることができますか。

マハルシ　彼が存在するところの心の平安によって、また彼に対してあなたが感ずる尊敬の感覚によって。

質問者　どのようにすれば私の師により近づくことができますか。

マハルシ　あなたは個我ですか。真我が師ははるか彼方にいると言うでしょうか。

質問者　私は神を見るための導きを必要としないのですか。

マハルシ　誰があなたにラマナ、バガヴァーンを見るよう導いたのですか。誰の導きによってあなたは毎日世界を見るのですか。あなた自身で世界を見ることができるのとちょうど同じように、本気で試みるならば、あなたは、あなたの真我を見ることもまた可能でしょう。その探求においてもまた、あなたを導くのは、あなたの真我だけでしょう。

グルの状態

グルは真我である。しかしそれは、心の開発のより低い段階では、外的なグルとして現われる。霊的に考える人は、神はどこにでもいると信じて、彼のグルとして神を受け取る。後になって、神は人を人格的なグルに接触させ、そのグルの恩寵が人に、自分の真我が実在でありグルであると感じることができるようにする。

宇宙は真我を離れては存在しない。すべての「進化」、すべての外的対象は真我から紡ぎだされ、そしてその中へと消えていく。われわれが深い眠りに入ったとき、世界はどこへ消えていくのか。われわれは存在するが、世界はもはや存在しない。したがって真我は実在を

宇宙に与える土台である。もしわれわれの真我が存在しなかったならば、われわれにとって宇宙はないであろう。それゆえ実在は真我の中にあり、宇宙の中にではない。そのことがよく理解されれば真我を実現した人になる。

賢者は、ちょうど無知な人がそうであるように、彼は身体であるということを経験する。その相違は、無知な人は真我が身体に閉じこめられていることを信じているが、他方、賢者は身体が真我から離れてはとどまっていることができないことを知っている、ということである。真我は彼にとって限りなく大きいものであり、また身体を含んでいる。

ジニャーニは彼の身体によって虐げられていると感じていない。身体の中に住んでおり、聖なる書物を書いたそれらのジニャーニたちが、ジニャーニであることをやめただろうか。

真我を実現した人たちは未来を考えたり計画したりすることはない。彼らは未来はそれ自身で世話をさせる。彼らにとって未来は現在の中にある。

ジニャーニはエゴをその源において粉砕する。無知な人にとってのように、彼にとってもまた、エゴは、本性すなわちブララーブダに促されて再三立ち現われてくる。無知な人にもジニャーニにもエゴは発生するが、この相違を伴っている。すなわち無知な人のエゴは、その源についてまったく無知であり、夢と目覚めた状態において、その深い眠りに気づいていない。他方、ジニャーニのエゴが生ずるとき、彼はつねにその源に焦点を保つことによって、

このエゴに伴う超越的体験を享受する。彼のエゴは危険ではない——それは燃えたロープの灰の輪郭（残骸）だけであり、形はもっているが効力はない。たえずわれわれの源に焦点を保つことによって、エゴは溶解される。

質問者　グルは熟慮して助けを与えますか。

マハルシ　グルの恩寵は自動的、自然発生的に働きます。弟子は彼の必要とする助けを正確にそのとおり手に入れます。

質問者　あなたは賢者と親密にし、彼に奉仕することが弟子に要求されると言います。

マハルシ　そのとおりです。第一のものは実際は、非顕現のサット（sat　存在）あるいは絶対的存在と親密に交わることを意味します。しかしごくわずかの人だけがそれを行なうことができるにすぎないのですから、多くの人は次善のものを取らなければなりません。それは顕現した存在、すなわちグルと親密に交わることです。人は賢者と親密に交わるべきです。なぜなら想念が頑固に持続するからです。賢者はすでに心を克服しており平安の中にとどまっています。彼の近くにいることは、他の人の中にこの条件をもたらすことを助けます。さもなければ彼と交際することを探し求める意義はありません。グルは他の人びとにはわからない必要な力を提供します。第一に、グルに仕えることは真我の中にとどまることです。しかしそれはまた彼の身体を心地よくすること、彼の住居の世話をすることを含みます。グルとの接触は必要でもありますが、これは霊的な接触を意味します。もし、弟子が内部にグルを見いだすならば、彼がどこへ行くかは問題ではありません。ここあるいは他のところにとどまることは、同じことであり、同じ効果をもつと理解されねばなりません。

質問者　バガヴァーンは求道者たちのために、彼らが現実の苦難を通り抜けていく必要がないように、彼らのタパス（tapas　苦行）を引き受けることによって、その道を容易にしているのですか。

マハルシ　もしそうであるなら、誰でも容易に目標に到達するはずです！　各人が自分自身のために努力しなければなりません。

質問者　あなたは想念をもちますか。

マハルシ　私は通常想念をもちません。

質問者　しかしあなたが読書しているときは。

マハルシ　そのとき私は想念をもっています。

質問者　そして誰かがあなたに質問しているときは。

マハルシ　私が答えているときもまた想念をもっています。その他のときは想念をもちません。

質問者　真我を実現した賢者は世界を見ますか。

マハルシ　はい。しかし彼の見解は異なります。あなたはスクリーンです。真我はエゴを創造します。エゴはその想念をもち、それが映画の映像のように世界に展示されます。そしてこれらの想念が世界です。しかし、実在の中には真我以外の何ものもありません。すべてはエゴの投影です。

映画の映像は動きますが、それをつかまえて離さないようにしようと試みなさい！　あなたは何をつかまえますか。スクリーンだけです！　映像は消滅させなさい。そして何が残りますか。またしてもスクリーンです。そしてそれはここにあります。世界が現われるときにさえ、ジニャーニは真我の顕現としてそれだけを見ます。

五感を通じて機能している一つの心だけがあります。それらを通じて作用している一つの力があります。そしてそれらの作用は始まりそして終わります。それらの活動がそれに依存している土台、単一の土台がなくてはなりません。

一度私がひれ伏した後、マハルシは説明した。

マハルシ　なぜこれをするのですか。それは一つの儀礼的行為にすぎません。それは必要ではありません。私はどんな、あらゆる質問にも答えねばなりません。もっとも私がそうしなければ別ですが。私は偉大ではありません。私はテレビを与えられません。神は私にその贈り物を授けませんでした。私はどうすればよいのでしょうか。どのようにして私はすべての質問に答えることができますか。人びとは私を「マハルシ」と呼びます。そして私をこのように扱いますが、私は私自身をマハルシとして見ていません。

質問者　ジニャーニは「私は身体である」と言います。そしてアジニャーニ（ajnani　真我を実現していない人）は「私は身体である」と言います。何が違っているのですか。

マハルシ　「私がある」は真実です。身体は限定です。アジニャーニは「私」というものを身体に限定します。眠りの中でのその「私」は身体とは別です。その同じ「私」は、今目覚めの状態にあります。想念は身体の中にあるはずですが「私」は実際には身体の外にあります。誤った考えは「私は身体である」ではありません――というのは、そう言っているのは「私」というものだからです（身体は知覚力がないからそういうことはできません）。誤りは、「私」は何かであるとか、「私」はそうではないと考えることの中にあるのです。「私」は自力では動けない身体であることはできません。身体の運動が、「私」というものの運動と混同されているのであり、その結果が不幸です。身体が動いていようといまいと、「私」は自由で幸福なままです。アジニャーニの「私」は身体です。まるごと間違っているのです。ジニャーニの「私」は身体を含み、それがすべてです。ある中間の実体が生じてきて、混乱が引き起こされるのです。

質問者　もしあなたが平手打ちをされたとき、あなたはそれを感じないでしょうか。もしそうであれば、区別はないのではないでしょうか。どこにジニャーナがあるのですか。

マハルシ　クロロフォルム（麻酔薬）の影響下にあるかそれを飲んでいる人は、平手打ちを感じません。そのことが彼をジニャーニにさせるでしょうか。ジニャーナは平手打ちを感じることと矛盾しません。

町の誰かがマハルシのことを非難して話していたために、一人の帰依者が興奮したことがあった。

マハルシ　私は彼がそうするのを許します。彼にもっと言わせなさい。他の人びとを後に追従させなさい。ただ、彼らに私を一人にしておくようにさせなさい。もし誰かがそれらの中傷的な言葉を信じたがるならば、私はそれを私への偉大な奉仕と考えるでしょう。なぜなら、もし彼が人びとを説得して私を偽りのスワミだと考えさせるならば、彼らはもはや私を訪ねてくることなく、それで私は静かな生活を送ることができるでしょう。私は一人でほうっておかれたいと思っており、それゆえ私は、中傷的なパンフレットを歓迎します（彼は笑った）。

かつてマハルシがペルマル・スワミの一人の密使によって乱暴に熱弁を振るわれたとき、彼は全部のことを静かに聞いた。最後に彼は言った。「いつか私は立ち上がり、完全に立ち去るでしょう」。

◆　◆　◆

もしあなたが一つの哲学体系を受け入れるならば、あなたはその他の体系を非難することを強いられます。子供とジニャーニは似通っています。さまざまな出来事はそれが続く限りにおいてのみ、子供に興味をもたせます。それらの出来事が終わり、なんらかの痕跡と印象を子供に残さないことが示された後には、それらについての考えは止み、それらによって心に影響が与えられることはありません。それは賢者についても同様です。

◆　◆　◆

諸感覚への執着なく、エゴイズムなしに行為する人は、たとえ彼が敵を殺してもなんらのカルマをつくることがない、と言う『ギーター』のシュローカ（sloka　サンスクリットで書かれた作品の節）があります。同様に、明知を得た人は、すべての過去のカルマとすべての過去のヴァーサナ（vasana 条件づけに基づく生来の傾向と気質）から解放されています。それら（カルマとヴァーサナ）の原因となった、あるいは原因となる「私」、エゴが破壊されたとき、どのようにしてカルマやヴァーサナがありえるでしょうか。真我を実現した人が、たとえ戦争で多くの生命を殺したとしても、どの過ちも彼の純粋な霊に触れることがない、と『ギーター』は言っています。

真我を実現した人は、過去も現在も未来も知りません。彼は不滅の真我の中に生きているのですから、彼は時間を超えています。

明知を得た人たちは未来を計画することはありません。なぜ彼らがそうすべきなのですか。彼らの中に「私」の感覚はもはやなく、彼らは無限の力によって導かれています。彼らはまさに起こる事を注意し、待ち、見るでしょう。彼らは物事にその方向をとらせ、すべてをその絶対的な力に放棄させます。あなたが神、カルマあるいは何と呼ぼうと、そこにはエゴイズムはなく、したがって彼らは静寂なのです。

グルと世界

質問者　遠く離れた森の中に、またチベットの山中に住んでいる聖者たちは、それでも世界の役に立ちますか。

マハルシ　はい。真我の実現は、たとえ聖者たちがどこに住んでいようとも、人類に与えることのできる最大の助けです。

質問者　人びとを助けるために、人びとと交わることが、そのような聖者たちに必要とされるのではありませんか。

マハルシ　真我を実現した人は、彼とは別のものとしての世界を見ません。彼によって与えられた助けは目に見えませんが、それでも存在するのです。聖者は、それと知られずに全人類を助けているのです。講義はほんの数時間のあいだ人びとを進歩させることなく、個人を楽しませるのに対して、賢者の沈黙は、人類に永久的な利益と教えを与えます。沈黙は絶え間のない雄弁です。ダクシナームールティはその模範です。彼はリシである彼の弟子たちに沈黙を通して教えました。

質問者　しかし、もし彼が人びとと交わればより効果があるのではないでしょうか。
マハルシ　交わるべき他の人たちはいません。真我は一つであり、唯一の実在です。
質問者　しかしこの頃では、弟子たちは創りだされねばならず、発見される必要があります。
マハルシ　それは無知のしるしです。あなたを創造した力は世界を創造しましたし、その両方の面倒を見ることもできるのです。
質問者　世界が大きな困難の中にあるとき、あなたのように何もしないでじっと坐っていて、人びとの何の役に立つのですか。
マハルシ　真我を実現した人は世界の役に立つよう助けることはできません。彼の存在そのものが世界に最高の善を授けます。
質問者　世界の運命を導く教師たちのこの談話のすべては何なのですか。
マハルシ　それは「これらの人びとの出て行く心を、世界からそらせて瞑想へと内に向き直らせただろうか」と言われなかったでしょうか。それが神智論者たちによる教師たちとその階層制《ヒエラルキー》についての言及の目的です。

一つの場所に坐っているリシは、もし彼がそれを決意すれば、何でもできます。彼は戦争を始めたり、それを終わらせたりすることができます。しかし彼は宇宙とカルマの過程が継続していることを知っています。そこで彼は愚かしくそれに干渉しようとはしません。

グルは何をするのですか。彼は真我の実現を弟子に手渡しますか。真我を実現した人たちとのつながりをもちつづけたままでいると、人の無知が徐々に取り除かれて永遠の真我が明らかになることによって、真我はつねに実現されるのではないのですか。実現は永遠であり、グルによって新しくもたらされるものではありません。彼はたんに無知を取り除くのを助けるだけです。

弟子は教師に対して身を任せます。それは弟子によって保持される個我性のなごりもとどめず、悲しみの原因もないことを意味します。それを正確に理解することなく、人びとはグルが弟子に、他のものよりも彼をいっそう強力にする何かとして「汝はそれである」を教えると考えます。人はすでにむだ骨を折っているのです。もし同じ「私」が非常に膨張させられるならば、何が起こるのでしょうか。彼はいっそう愚かで無知になるでしょう。偽りの「私」は滅びなければなりません。その絶滅が「グルの貢献」の賜物なのです。

質問者　教育は世界にとっていっそう有用な賢者を生みだしますか。

マハルシ　学問のある人でさえ無学な賢者の前で頭を下げなければなりません。教育は学問のある無知です。

質問者　東洋と西洋の霊的指導者の間の接触は可能ですか。インドは霊的世界の中心ですか。

マハルシ　霊魂は限定されず、形をもちません。それだから霊的中心なのです。ただ一つのそのような中心があります。西洋にあろうと東洋にあろうと、その中心に違いはありえません。それは場所をもちません。限定されないものですが、それは指導者、世界、破壊と建設の力を含んでいます。あなたは、指導者として身体をもった存在を考えているがゆえに、接触について語っています。霊的な人びとは身体ではありません。彼らは彼らの身体に気づきません。彼らは霊魂です。それは限定をもたず形をもちません。彼らの間にはいつも統一があります。これらの質問は、もし真我が実現されていなければ起こりえません。

質問者　なぜマハートマー（mahatmas　偉大な魂）たちは助力を与えないのですか。

マハルシ　あなたは、彼らが助けないということをどのようにして知っているのですか。世間では、マハートマーの沈黙より肉体的活動や物質的援助がすべて勝っていると言われています。（しかし実際は）マハートマーの成し遂げたことが、他のいかなることよりもはるかにすぐれているのです。

質問者　人類の霊的幸福を守っているすべての宗教の創始者たちの霊的階層が存在するのですか。

マハルシ　存在させても存在させなくても構いません。せいぜいこれは憶測にすぎません。アートマンを知り、そして憶測をしていなさい。ある人はそのような階層を認めるかもしれません。他の人は認めないかもしれません――しかしアートマンを否定することのできる人は誰もいません。階層は真我を離れて存在することはできません。真我の実現が唯一の目標なのです。

グルの恩寵

グルの恩寵についてここで語るのは、どういうことなのか。グルは手であなたをつかみ、あなたの耳元で何かをささやくのか。あなたは、あなたがあなたであるようなものとして彼を想像する。あなたが身体と同一視するがゆえに、あなたは彼もまた身体であると考え、そしてあなたにとって触れられる何ものかであると考えるだろう。しかし彼の働きは内部にある。どのようにしてグルは見いだされるか。もし帰依者が利己心なく神に祈るならば、内在する神はその恩寵から愛する帰依者を哀れんで手を貸し、そして帰依者の水準に従って人間として彼自身を現わす。帰依者は、それが人であり、生身の人間としての関係性を期待する。しかし人の姿をした神あるいは真我であるグルは内部から働き、帰依者が道を誤らないように助け、内部で真我を実現するまで正しい道に沿って導く。帰依者は、そのような真我実現の後、「私は以前にはたいへん苦労させられたが、にもかかわらず私は真我であり、以前と同じものであるが、何ものにも影響されることはない。たいへん不幸であった彼は今どこにいるのか。彼はどこにも見いだされない」と感じている。われわれは今何をすべきか。師の言葉にこたえて行動するだけだ。

　内部で働きなさい。グルは内部と外部にいる。彼はあなたを内側へと追い立てる条件を創りだし、中心へと連れていく内部条件を整える。そのようにグルは外側からあなたを押し、内部から引っ張る努力をする。そうしてあなたは中心に固定されるだろう。眠っているときあなたは内部で集中させられ、目覚めるとあなたの心は飛びだす。これ、あれ、その他のことを同時に考えながら。これは阻止されねばならない。それは内部でも外部でも作用することのできる行為者にとってのみ可能である。彼は身体と同一視されうるか。

　われわれは、世界はわれわれの努力によって征服されうると思っている。外面で挫折し内部に追いやられたとき、われわれは人間より高次の力があることを感じる。より高次の力の

存在は認められ認識されねばならない。エゴは非常に強力な象であり、この場合グルにほかならないライオン以外の誰によっても支配下におくことはできない。グルであるライオンのその一瞥が象を震えあがらせ死に至らしめる。

存在を止めたところにわれわれの栄光があるということを、われわれはやがて知るだろう。その状態を獲得するために、人は「主よ、あなたは私の避難所です」と言って、放棄すべきである。師はそのとき、この人は指導を受け入れるに適した状態にあることを知り、それを教える。最善の教えは沈黙の中でのハートからハートへの語りかけである。

質問者　長い葛藤の後、人が達成するとき、それは人それ自身の働きですか、それとも霊の電流の働きですか。

マハルシ　それは電流の働きです。

質問者　イーシュワラ（Iswara　ヒンドゥ教の最高の人格神）の恩寵が必要だということが主張されます。

マハルシ　われわれはイーシュワラです。われわれ自身がかれであると知ることによって、われわれはかれの恩寵を得るでしょう。かれの本性は恩寵です。かれに任せなさい。無条件に放棄しなさい。

あなたが自らの無力を認め、あなたを助けるより高次の力を必要としているか、または探求し源へ入りこんで、真我と合体するためです。神は放棄した人を決して見捨てることはありません。より高次の力はあなたを導いています。そうさせなさい。それは、何をするか、どのようにそれをするかを知っています。それを信じなさい。

質問者　グルの贈り物は恩寵ではないのですか。

マハルシ　神、恩寵、グルはすべて同じ意味であり、また永遠で内在するものです。真我はすでに内部にあるのではないですか。グルが一瞥でそれを授けるのですか。もしグルがこれを信じるならば、彼はその名に値しません。書物は非常に多くのイニシエーションがあると述べています。すなわち、ハスタ・ディクシャ（hasta diksha　手による）、スパルサ・ディクシャ（sparsa diksha　触れることによる）、心のディクシャなどです。そしてグルは火、水、ジャパおよびマントラによる若干の儀式を執り行ないます。それらの書物では、弟子がそのようなプロセスの後ではじめて熟達したとする現実離れした儀式を、「イニシエーション」と呼んでいます！

もし個人が探し求めても、彼はどこにも見いだされません。そのようなものがグルです。そのようなものがダクシナームールティです。彼は何をしたのですか。彼は沈黙していた、弟子たちが彼の前に現われた、彼は沈黙を続けていた、そして弟子たちの疑問は追い払われた――それは彼らが個人と同一であること（主体性）を喪失したことを意味します。このようなのが本当のグルであり、本当のイニシエーションです。それがジニャーナであり、そしてそれはよく連想されるような饒舌《じょうぜつ》ではないのです。沈黙は仕事のもっとも強力な形です。しかし、シャーストラ（教典）がどんなに膨大で力説したとしても、効果を発揮しないことがあります。グルは、彼が沈黙している間、もの静かで平安が行きわたっていますが、すべてのシャーストラを合わせたものよりも広大でより強力な説得力をもっています。ジニャーナはサットサン（satsang　賢者あるいは存在すなわち真我と交わること）によって、あるいはむしろその雰囲気によって得られます。

これらの質問は、「ここにこんなに長くおり、こんなに多く聞き、こんなに熱心に試みたのに、私は何も得ていない」という感じのために生じます。内部で進行している働きははっきりとはしません。事実は、グルはつねにあなたとともにいるのです。

タユマナヴァールは言います。「ああ主よ。あなたは、このすべての誕生を通して私とともにあり、私を決して捨てることなく、最後には私を救うこと、そのようなものが真我実現の体験です」。シュリマド・バガヴァタは同じことを異なったふうに、「わたしたち二人は、現在だけでなく、これまでずっとそうでした」と言っています。

グルの恩寵は、学習と瞑想にだけ価値があるものではありません。それが主要なものであり、その他のすべては二次的なものです。それは水からあなたを助けだすために伸ばされた手のようなものです。

質問者　神の恩寵は本当に不可欠なものですか。われわれの誠実な努力が目標にわれわれを連れて行くことができますか。

マハルシ　はい、それはできます。しかしそのような恩寵の贈り物は、本当の帰依者あるいは熱心にそしてその道において休むことなく努力した人にだけ与えられます。グルの恩寵は神の恩寵と同じです。なぜならグルはかれと異なるものではないからです。

質問者　人間の努力はそれなしには役に立たないのですから、私はあなたの恩寵を祈ります。

マハルシ　両方とも不可欠なものです。太陽は輝いています。しかしあなたはそれをちらっと見るために、ふり返って見なければなりません。同様に、恩寵と同じくらい個人の努力は不可欠です。

恩寵はあなたの内部にあります。もし外部にあるならそれは役に立たないでしょう。恩寵は真我です。あなたは決して手の届かないところにいるわけではありません。もしあなたがグルを記憶しているとすれば、それはあなたが真我によって刺激されてきたからなのです。恩寵はすでにそこにありませんか。恩寵があなたの中で働かない瞬間があるでしょうか。グルについてのあなたの記憶が恩寵の前兆なのです。恩寵は応答と刺激の両方なのです。それは真我であり、そしてそれは恩寵です。何も不安の理由はありません。

質問者　しかしグルの恩寵あるいは神の恩寵は、人のヴィチャーラ（vichara　探求）の進歩のために不可欠ではないのですか。

マハルシ　不可欠です。しかしあなたが行なっている探求はそれ自身グルの恩寵あるいは神の恩寵です。

マハルシの恩寵を求めた一人の帰依者はこう言われた。「あなたはそれを持っています」。彼は自分の胸の中心に、わずかな圧迫のような動悸を経験した。そして幸福と並はずれた平安を感じた。彼は後にそれについてマハルシにたずねた。

マハルシ　心がかき乱されるときはいつでも、その感覚にしっかりとつかまっていなさい。あなたがマントラを唱えることは、もはや必要でありません。それはスプラーナ（sphurana　心のひらめき、鼓動）と呼ばれます。そしてそれは恐怖と興奮のようなものとして、何回か感じられます。それは実際にはつねにその場所、ハート・センターにあります。それは先行する原因と結びつけて考えられ、通常、身体と混同されます。それは単独で純粋であり、それは真我です。もし、それが連続的で自動的に感じられて心がその上に固定されるなら、それが真我の実現です。さあ、それが真我の実現の前ぶれなのです。

マハルシ　どうしてそうしないのですか。そのたとえ話の中でわれわれは、神が人間を探し求めていることを知っています。神の恩寵は人間にとっていつも得ることのできるものです。それはまさに、それを受け入れる人びとのためなのです。あなたは太陽を知っています。もしあなたが目を閉じて、太陽はないと言うなら、それはあなたの責任であって、太陽の責任ではありません。もし神の恩寵があなたによって実現されないなら、それは、神が気が進まないことを意味するのではなく、あなたが完全にかれに対して身を任せなかったことを意味するのです。神は恩寵です。

＊原書のこの項には質問が欠けている。

マハルシの接触《タッチ》と恩寵を求めているある人に

マハルシ　私はアートマンです。アートマンはグルです。そしてアートマンはまた恩寵です。アートマンなしには誰もとどまることはありません。人はつねに（アートマンと）接触しています。これより親密なものは何もありません。

身体は「私」ではありません。身体はわれわれ自身の存在なしには存在することはできません。われわれはなぜ身体を真我とは異なるものとして見なければならないのですか。真我は生まれもしなければ死にもしません。新しいものは何もありません。賢者たちは、真我の中に、そして真我に属するものとしてすべてを見ています。多様性というものはありません。それゆえ誕生も死もないのです。

恩寵を与えることは神の特殊な機能でもありませんし、かれが恵み深い特別の時や場合があったり、かれが恵み深くない場合があったりするわけでもありません。

質問者　私はあなたの恩寵と祝福を与えられるでしょうか。

マハルシ　なぜあなたはそれを疑わねばならないのですか。

質問者　恩寵は必要不可欠ですか。

マハルシ　そうですとも。しかし恩寵はいつも存在します。それは真我であり、身につけることのできるものではありません。

質問者　恩寵は修練よりも効力のあるものではありませんか。

マハルシ　グルは無知を根絶する上であなたを助けるだけです。

質問者　どのようにしてグルの恩寵が真我の実現に導くのでしょうか。

マハルシ　求道者は不満をもつことから始めます。世界に満足せず、彼は欲望の充足を求め、神に祈り、そして彼の心は浄化されます。神を知ろうとする熱望が、彼の肉体的欲望を満足させようという彼の願いよりも大きいのです。神の恩寵が現われはじめるのはそのときです。かれはグルの形をとって帰依者の前に現われ、真理を教え、そしてグルの教えと接触によって心を浄化します。心は力を獲得し、内部に向き直ることが可能になります。瞑想によって、それはなおいっそう浄化され、もっともわずかなさざ波もないままでとどまっています。その広がりが真我です。グルは外部と内部の両方にいます。外部から彼は心を内部へ押し、内側から彼は心を真我の方向へ引っ張り、心が静けさを保つよう助けます。それが恩寵です。神、グル、真我のあいだに違いはありません。

グルの助けは必要であり、あなたが探求を始めるのに役に立ちます。しかしあなたは自分自身でそれに従事しなければなりません。

◆　◆　◆

ジニャーニの「私」は身体を含んでいます。しかしそれと同一視することはありません。彼にとって「私」から離れた何かはありえません。もし身体が倒れても「私」にとって損なわれるものは何もありません。「私」は同じものとしてとどまっています。もし身体が死んだと感じるならば、それに疑問を提起させなさい。活動力のない存在にそれは不可能です。「私」は決して死なないし、質問することもありません。誰がそのとき死ぬのですか。誰が質問するのですか。

沈黙

言語は人の想念のコミュニケーションのための媒体にすぎない。それは想念が生じた後に使用され、そして想念は、「私」という想念の後でだけ生ずる。「私」という想念がすべての会話の根源である。人は思ったり考えたりすることなしにとどまっているとき、普遍的な言語――沈黙によって、他の人を理解することができる。沈黙は永遠の語りであり、それは絶え間のないものであり、スピーチがそれを中断させる。言葉がその無言の言語を妨げる。電線の中を流れている電気があるとき、そしてその通過に抵抗が起こっているとき、それがランプとして明るく輝きファンとして回転運動を起こさせる。電線は電気エネルギーがいっぱいのままである。同様に、沈黙は言葉によって妨げられた言語の永遠の流れである。人が数年間に及ぶ会話によって知ることのできなかったことが、沈黙の中であるいは沈黙の前に、たちまちにして知られることができる。たとえばダクシナームールティの教えを見なさい。それは最高の、もっとも有効な言語である。

人びとは私に質問をすると言ってきかない。そして私は答えなくてはならない。しかし真

理は言葉を超えているのだ。

有名な講演者であり、偏狭さと論争好きなことで知られた精力旺盛な討論者であった一人の訪問者が、ホールに入って来てマハルシに質問を始めるのを私は見つめていた。答えをほとんど待つことなく、彼は自分で答えを与えはじめた！　彼は大声で断定的に言いわたした。たとえば彼は「私は真理を発見する方法を知りたい」と言った。そして少し後で彼は「人類の奉仕は真理を発見する最善の方法である」と言った。マハルシは答えた。「それはあなたが言っていることです」。彼は不快な態度で、二つの他のことについて議論を始めた。マハルシは静かにしていた。そしてその男が立ち去るまで一言も発しなかった。そしてそのときマハルシは述べた。「**沈黙はそのような人びとに答える最大の武器である**」。

質問者　沈黙の中に坐って、真我に対して瞑想することから来る強い力が、たくさんの人の激情とかき乱された想念に打ち克つことができるということを言ってくださいませんか。

マハルシ　はい。それは最大の力であり、すべてのことに打ち克ちます。

質問者　なぜあなたは人びとを正しい道に立たせるよう説教しないのですか。

マハルシ　あなたは私が説教をしないということをすでに決めています。あなたは、私は誰か、そして説教とは何かを知っていますか。私がそれをしようとしないことを、どのようにしてあなたは知るのですか。説教とは、壇上に登り人びとに熱弁を振るうことから成り立っているのですか。説教は知識のコミュニケーションにすぎません。それはまた沈黙の中でなされるかもしれません。ある人が一時間スピーチを聞き、そして何の感銘もなく立ち去っていくのをあなたは何と考えますか。聖なる人の面前に坐り、彼らの人生の展望をすっかり変えられて、しばらくして立ち去っていく他の人びとと比較してごらんなさい。どちらが良いのですか――効果をもつことのない声高な説教か、他の人たちに影響を与える直観力を発揮しながら静かに坐していることか。

その上、スピーチはどのようにして生ずるのですか。非顕現の抽象的知識があります。そしてそこから、エゴが想念それから言語を引き起こします。降下のこの順序に従っていくと、言語は原初の源のひ孫になります。もし言語がある効果をもつことができるとすれば、沈黙を通じての説教がどれだけ多くの効果を発揮するでしょうか。あなた自身で判断しなさい。

質問者　どうしてマハルシは講義をすることによって大衆を助けないのでしょうか。

マハルシ　神は働こうとしませんか。かれはスピーチをしようとしますか。スピーチを通してだけ働くことができるのですか。あなたはなんのスピーチもなく沈黙のうちに進行していく働きが、どのくらいの量になるかを知っていますか。

質問者　私はあなたが現実化した神であると思っています。

マハルシは沈黙したままであった。彼の目は遠くをじっと見つめている。困惑させられた質問者が出発してしまったとき、マハルシは彼の弟子たちに、そのような質問に答えることは無益であり、果てしのない談話に導くだろうということを説明した。

マハルシ　「私」の意味あるいは重要性は神であることです。「私はある」の経験は静かであるためのものです。モウナ（mowna　沈黙）はあなたの口を閉ざしたままにしているだけではありません。それは永遠のスピーチです。スピーチと想念を超えるその状態がモウナです。

質問者　われわれはどのようにしてそれを成し遂げることができますか。

マハルシ　何かをしっかりとつかまえて、その源へとさかのぼってそれをたどりなさい。モウナは集中の結果です。修練が自然になると、それはモウナにおいて終わるでしょう。心の活動を伴わない瞑想がモウナです。心の征服が瞑想です。深い瞑想は永遠のスピーチです。

心を見なさい。あなたはそれから超然としていなければなりません。あなたは心ではないのです。

質問者　われわれはこれをすべてどのように行なうべきでしょうか。

マハルシ　われわれは真我である、という感じをもっていないことが災難の根本原因です。想念を伴って行なうことを何ももたないでいなさい。そしてありなさい。ただありなさい。障害物をつくりだすのは想念だけです。想念が悩みの種なのです。誰に想念が生じているかを見つけだしなさい。あなたが誤った自己が存在すると思っている間、そうなるように見えるでしょう。しかしどこからそれが生ずるかを見つけだせば、それは消えてなくなるでしょう。偉大な真理を発見した人びとは、真我の静寂の奥深いところで、それを成し遂げました。

マイソールのマハラジャ殿下はマハルシを十五分間訪問し、ほとんどすべての時間を沈黙のままでいた。その日のランチのとき、帰依者たちがその出来事について話していた。マハルシがその訪問について意見を述べた。

マハルシ　彼はたいへん高等な人物です。彼はジャナカ(注)です。一人の知者（ジニャーニ）がもう一人の知者と会うとき、語る必要のあることが何かあるでしょうか。ちらっと目を合わせればそれで十分です。彼らは直ちに応え認めあって、心を内面に向き直らせます。そのとき言葉での会話は必要ありません。

質問者　私は質問したいのですが、そうしてもよいでしょうか。

マハルシ　はい。何の質問でしょう。あなたはポール・ブラントンの書物、『秘められた道』を読んだと言いました。「それを千回読みなさい」――ポール・ブラントンはまさしく私に言いました。それならなぜそれを実行しないのですか。七十三ページを開き、もしあなたが質問への答えを見つけださなかったら、第二パラグラフをご覧なさい（付録Ⅲを参照）。

沈黙は決して終わることのないスピーチです。口頭のスピーチは沈黙のスピーチを妨げます。沈黙によっていっそう多くの物事が成し遂げられ、いっそう多くの考えや思いが沈黙によってより広い世界に伝えられます。口頭による質疑応答は、このホールにいる質問者と少数の聴衆に役立つように見えるかもしれませんが、実際にはそれは、全世界の幾千もの霊的求道者への心波（想念の波動）の沈黙のコミュニケーションを妨げ、遅らせ、中断させるのです。そこで、探求と解説を求めて私のところへ来るどのサーダク（sadhak　霊的探求者）たちも、私の前に沈黙して――絶対にしゃべらずに坐ることによって、彼ら自身と他の人に十分に役立っているでしょう。

もっとも大きく、もっとも効力のある力は、エーテルや電気のように目に見えないものです。あな

（注）真我を実現しているという評判のあるミティラの王様。彼は個人としては王の活動に従事している間、つねにアートマンの中に確立された雑念のない存在としてとどまった。

あなたはたやすくたがどんな質問をしたいと思うか、あなた自身の心か想念にたずねてみなさい――あなたはたやすくそこに答えを見つけだすでしょう。

もっとも効果的な助けは沈黙とともにあることです。

第12章

真我

喜びと苦痛はエゴの属性である。アートマ・ヴィチャーラ（atma vichara 真我探求）によって、あなたがあなたはさや（エゴ）ではないことを理解するとき、どこにあなたにとって楽しみや苦痛があるだろうか。あなたの本当の性質は、すべてのそのような感じを超えている。したがってアートマ・ヴィチャーラの利点は、人生におけるあらゆる不運や悲しみから逃れるという形で、はっきりとわかるものだ。人はそれ以上のものを望むことができるだろうか。つねにアートマンの中に配置されている人は、人込みの中にいてさえ、かき乱されることはないだろう。そのような人は、孤独に対する必要あるいは願望をもたない。

真我を知る人は、それ以上なすべきことをもっていないし、もはやどんな想念をももつことはない。そのときからずっと、無限の力が、彼にとって必要と思われるなおそれ以上のすべての活動を実行するだろう。

平安は人類の内面的性質である。もしあなたがそれをあなた自身の内部に見つけだすなら

ば、そのときあなたはそれをいたるところに見つけだすだろう。

あなたがその一時的な霊的体験の中で発見した平安は、あなたの真我の中で見つけだされたのだ。それはあなたに押しつけられたものではなかった。われわれがわれわれ自身の真我を実現する努力をあざ笑わなければならないときが来るであろう。というのはわれわれは真我実現以前と以後において同じであることを、見いだすであろうから。

質問者　どのようにしたら真我を知ることができますか。

マハルシ　真我とは何かを見なさい。あなたが真我であると思うものは、実は、心、知性であるか、あるいは「私」という想念なのです。したがって「私」という想念にしがみつきなさい。そうすればその他の諸々の想念は、真我を後に残して消え去るでしょう。

　二つの「私」がありますか。あなたの存在をどのようにして知るのですか。あなた自身をこの目で見るのですか。あなた自身にたずねなさい。どのようにこの質問が生ずるのですか。それをたずねて、あるいはたずねずにいて、私は残りますか。鏡の中に映る私を見つけるように私自身を見つけだすことができますか。あなたの見方は外部に向けられてきたために、真我を見失い、あなたの想像力は外面的なのです。真我は外部の対象の中に見いだされません。あなたの凝視をぐるりと回転させ、内部に飛びこみなさい。あなたは真我であるでしょう。

真我においては、良質のものも悪質のものもありません。真我はすべての品質からまぬがれています。品質は心にだけ付属するものです。探求は「私」はどこにあるか、でなければなりません。「私」という想念が生まれた後に、「私」と身体、諸感覚、心との誤った同一視があるのです。真我は間違ってそれらのものと結びつけて考えられ、人は本当の真我を見失ったのです。純粋の「私」を汚染された「私」から移しかえるために、この教典の中で言及されているコーシャ（koshas　魂あるいはさや）を捨てることが話題にされているのです。それは正確には、自己でないものを捨てることを意味するのではなく、むしろ、本当の真我を見いだすことを意味します。本当の真我は、完全な状態における無限の「私―私」（I-I）です。それは永遠です。それは起源をもたず終わりももちません。その他の「私」は生まれ、そして死にます。それは永久的ではありません。誰のところに変化する想念が起こるのかを見なさい。それは「私」という想念の後で起こることが見いだされるでしょう。「私」という想念にしがみつきなさい。そうすれば変化する想念は静まっていくでしょう。真我だけが後に残るでしょう。

質問者　不変の真我と変わる自己があるのではないのですか。

マハルシ　変わりやすいのは想念にすぎません。すべての想念は「私」という想念の後で生じます。これらの想念が誰のところに生じるかを見なさい。そうすればあなたはそれを超えるでしょう。そしてそれらのものは沈静するでしょう。言いかえれば、「私」という想念の源をたどることによって、あなたは、完全な「私―私―私」（I-I-I）が真我の名であることをよく理解するでしょう。

質問者　しかし、どのようにして私は真我に到達するでしょうか。

マハルシ　真我に到達することはありません。もし、それが到達されるべきものであれば、真我は今ここにはなく、獲得されるべきものであることを意味します。新たに得られるものは、また失われるでしょう。したがってそれは永続しないでしょう。永久的でないものは、得ようと努力するに値しないものです。したがって私は、真我は到達されるものでない、と言います。あなたは真我です。あなたはすでにそれなのです。事実は、あなたがあなたの至福の状態について無知である、ということです。無知が純粋な至福を覆い隠しています。あなたの試みを無知を取り除く方向にだけ向けなさい。この無知はまさに間違った知識です。その間違いは、真我の身体や心との偽りの同一視の中にあります。この偽りの正体は真我への探求によって消え去らなければなりません。

　真我は二元性を超えるものです。もし一があれば、二もまたあるでしょう。一なしにその他の教えはありません。真理は一でも二でもありません。真理はあるがままであることです。

　つねに本当の存在を感じ、熟慮していなさい。それでありなさい。それにしっかりとつかまっていなさい。あなたが真我を捕らえ、それによって永遠の幸福を見いだすまで、あなたの追求を不断に持続させなさい。

質問者　なぜウパニシャッドの一つに「他の人にではなく、アートマンが選ぶ人びとだけに、それは現われる」と書かれているのですか。これは（それが現われるのは）むしろ随意にではないのですか。

マハルシ　いいえ。それは間違いないのです。それは、それに自分の身を捧げる、帰依者になる人びとだけを選びます。そのようなそれが内面に引き入れ、それ自身のところへ引き寄せるのです。人はアートマンを見いだすために内面に向かわねばなりません。たとえ誰がそれのことを考えようと、それはそれ自身のところへ引き寄せるでしょう。

「達成は困難である」とか「真我の実現は私にはほど遠い」とか「私は実在を知るために、多くの困難に打ち勝たなければならない」というようなすべての想念は、放棄されなければなりません。それらの想念は障害であり、この偽りの自己、エゴによって創りだされたものだからです。それらの想念は真実ではありません。あなたは実在であるということを疑ってはいけません。その理解の中で生きなさい。将来のある時点まで真我の実現を先延ばししたりして、それを決して疑問に思ってはいけません。『ギーター』が百万人のうちごく少数のものだけが真我を実現するにすぎない、と言うのは、人びとが以上のような偽りの想念によって不当に苦しめられ、暗示をかけられているという理由からです。

アーシュラマ（ashramas　ヒンドゥ教で伝統的に区分される人生の四段階）の順序は、人類の普通の種類の人の漸進的な発展を規制する一般原則として確立されていましたが、しかし、高度に成熟しアートマ・ヴィチャーラのための準備が整った人の場合には、段階的な発展は存在しません。この場合には、ジニャーナ・ヴィチャーラ（jnana vichara　真我の知識探求）すなわち真我探求とジニャーナの開花は即時であり急速です。

質問者　もし私が無限であるなら、どのようにして限定されたのですか。

マハルシ　あなたの言葉を分析して検討してごらんなさい。あなたは「私」から始めます。「私」をまず第一に知りなさい。もしその後質問が続くなら、あなたはそれを考えるかもしれません。しかしその前には考えません。真我は、ここに、今そして単独で存在します。それは新しいものではなく、獲得されるべき何ものかではありません。それは自然であり永久的です。「真我」という用語は限定されないもの、無限の真我を指してそう呼ぶのであって、その意味を限定しているのではありません。

質問者　いくつかの用語が聖なる書物の中で使われています――アートマン、パラマートマン、パラ等々。それらの間にどのような区別があるのですか。

マハルシ　それらは、その言葉を使う人にとっては同じことを意味しています。しかし人びとは、その発達の度合に従って、異なったようにそれらを理解します。

質問者 しかしなぜ同じことを意味するそのように多くの言葉を使うのですか。

マハルシ それは状況によります。それらはすべて真我を意味します。「パラ」は「相対的ではない」あるいは「相対性を超えた」すなわち絶対者を意味します。

パラマートマンはアートマンと同一であり、真我です。真我は永遠に実在として理解されます。もしそれが永遠でなかったら、それは始まりをもたねばならないでしょう。始まるものは終わりをもたねばならず、つかのまのものにすぎません。つかのまの状態を探し求めることは無益です。実は、それは努力のない、注意を怠らない平安の状態だということなのです。よく気づいたままでとどまりながら努力のないことが至福の状態なのです。

質問者 どのようにして私は本当の真我を忘れずにいることができますか。あなたの言われることは、人びとにとって、マハルシ自身のとっている立場です。

マハルシ どうしてあなたはそれを忘れることができるでしょう。マハルシはあなたとは違うのですか。彼には二本の角があるわけではありません。あなたの身体に何が起こっても、真我は始めから終わりまで続きます。

質問者　この真我とは何ですか。

マハルシ　真我を知りなさい、そうすれば、神は知られます。神についてのすべての定義の中で、バイブルの出エジプト記にある「私はあるというものである」というものよりも適切に表現されたものはありません。エホヴァの名――「私はある」よりほかに率直なものはありません。絶対的な存在とは何でしょうか。それは真我です。それは神です。

仏教徒へ

多様性の観念は時々起こってきた身体意識とともに生じます。それは始まりと終わりをもっています。生ずるのは何ものかに違いありません。その何ものとは何ですか。それは「私」という意識です。その源を発見するとあなたは絶対意識を理解します。

世界はそれを認める人なしに存在することができますか。存在意識か生じてくる意識か――どちらが最初に生じますか。前者はつねにあり、永遠であり、後者は生じては消えます。それはつかのまのものです。

質問者　あなたは最高の神でさえもなお一つの観念にすぎない、と言います。そのことは神は存在しないという意味ですか。

マハルシ　ちがいます。イーシュワラ（Iswara　ヒンドゥ教の最高の人格神）が存在するのです。真我実現の場所は内部にあります。求道者はそれを彼の外側にある対象として見いだすことはできないのですから。その場所は至福であり、それはすべての核です。それゆえそれはハートと呼ばれます。この出生の唯一の有益な目的は、内部に向かってそれをよく理解することです。そうする以外に何もありません。

質問者　しかし、出生を通じて進化するために、修練、何年ものアビヤーサ（abhyasa　修練）がなくてはなりません。

マハルシ　アビヤーサは生まれつきの平安へのなんらかの妨害を阻止するにすぎません。何年もの修練はまったく必要ありません。この想念は起こった瞬間に阻止しなさい。あなたがアビヤーサをしようとしまいと、あなたはあなたの自然な状態の中にだけいるのです。

質問者　それなら、なぜすべての人が真我を実現しないのですか。

マハルシ　それは他の形の同じ質問です。なぜあなたはヨーガにおける努力についてのこの質問を提出するのですか。それがまさにあなたが必要とすることを示しています。それをしなさい。しかし、質問と疑問なしにとどまっていることが自然な状態なのです。あなたは真我なのですから、真我は到達できるというものではありません。
忘れやすさは決して真我に追いつくことがありません。真我はあなたの本性です。真我は今自己でないものと混同され、それがあなたに忘却について話させているのです。

質問者　どのようにしてわれわれは真我を見つけだすことができますか。

マハルシ　アートマンへの本当の調査ができていないのです。調査は自己でないものについてなされることができるだけです。自己でないものを排除することが可能なだけなのです。真我はつねに自明ですから、それは自分自身で輝くでしょう。「知っていること」は「あること」を意味します。それは相対的な知識ではありません。

進歩は、到達されるべき物事について語ることができますが、一方ここで語られるのは無知の除去であって、知識の獲得ではありません。

質問者　どのようにしてわれわれはハイアーセルフと連絡することができますか。

マハルシ　あなたが触れなければならないのは遠く離れたあるものですか。ハイアーセルフは一つにまとまったものとして存在します。しかしそれは、われわれにそれではないと感じさせるわれわれの想念にすぎません。あなたはそれについて考えることもできませんし、それを忘れることもできませません。あなたがそれへの道をたどろうとたどるまいと、ハイアー・セルフはつねにそのようなものです。神的な存在はまったくわれわれの本性なのです。

質問者 どのようにしてわれわれはこのような偽りの想念を取り除くことができますか。

マハルシ あなたは自分で不必要に非常に多くの想念を背負いこみました――それは悩みです！　まさにあなたが本当にあるように存在しなさい。そうすればそれらの想念は、自分自身でなくなるでしょう。これらの想念と感情は誰に生じるのですか。あなたは思考の習慣が身についてしまったので、それを絶つのは困難です。

質問者 「私は神である」と考えつづけることができますか。それは正しい修練ですか。

マハルシ なぜそんなことを考えるのですか。事実はあなたが神なのです。それなのに、誰か「私は男である」「私は女である」と触れ回っているのですか。もちろん、もしそれらが、「私は動物である」というような、反駁《はんばく》しなければならないなんらか逆の考えであるならば、そのときはあなたが「私は男である」と言うかもしれません。人の間違った空想による、人はこれであるとかそれであるという誤った考えが粉砕される限界まで、あなたはその考えの中でのうのうと満足しているかもしれません。しかし修練が終わったときには、結果として想念はまったくなくなり、真我の実現だけしかなくなるでしょう。その段階では、想念の中にいる必要もなく、意味もありません。それは概念的思考を超えているのです。

質問者　もし真我がそれ自身を意識しているなら、なぜ私は今でさえ自覚していないのでしょうか。

マハルシ　あなたの現在の知識はエゴの結果であり、相対的なものに過ぎません。相対的知識は主体と対象を必要とします。一方、真我の自覚は絶対的であり、対象を必要としません。記憶もまた相対的です。それは記憶される対象とそれを記する他のものが必要です。もはや二つのものがないときには、誰が誰を記憶できるでしょうか。

知識と無知を超えているものがアートマンです。

質問者　私はどの地点まで探求を行なうべきでしょうか。

マハルシ　あなたの持続する誤った観念が粉砕されるまで、探求によってこの誤った考えの粉砕を続けなければなりません。真我が実現されるまで。

大洋の中でもっとも高価なものは底に横たわっています。真珠はごくわずかで、しかもたいへん高価であり、手に入れるのは困難です。真我は真珠のようなものです。それを見つけるためにあなたは深く潜らなければなりません。それに届くまで沈黙の中へ、より深くまた今までよりいっそう深く。

真我と無知

質問者　どのようにアヴィディヤー（avidya　人の真実の性質についての無知）が生じましたか。

マハルシ　アヴィディヤーはマーヤ（maya　幻影）、「存在しないこと」のようなものです。それゆえ、疑問は生じません。「それは誰の無知なのですか」とたずねるほうがよりよいことです。アヴィディヤーは無知です。それは主体と対象を意味します。主体になりなさい。そうすれば対象は存在しなくなるでしょう。

教典は、真我は完全であるとも、無知を取り除くことが必要であるとも言います。これは矛盾しているように見えるかもしれませんが、教典はわかりやすい真理をまだ理解することのできない熱心な求道者のガイダンスのためのものです。クリシュナはわかりやすく言いました。人びとは自分を身体と混同しているが、一方彼は生まれもしなかったし、死にもしないだろう、と。

真我は単純なあることです。ありなさい！――そうすれば無知は終わるでしょう。「私」はつねにあります。それを知らないでいることはありません。それは獲得されるべき新しい知識ではありません。無知と呼ばれるそれを知ることの障害物があります。それを取り除きなさい。無知と知識は真我にとってのものではありません。それらは一掃されなければなりません。

質問者　なぜ私は真我を実現しないのですか。

マハルシ　実はあなたは始終、真我を知っているのです。どうしたら真我が真我を知らずにいられるでしょう。あなたという真我が、あなたは第三のものであると考える癖がついただけです。あなたは真我についての誤った観念を取り除く必要があります。不可避の「私」が現存しているとき、どうしてあなたが無知であることができるでしょうか。あなたは次から次へと現われる「私」についてのあなたの偽りの観念を取り除くために、戦わなくてはなりません。そうしなさい。そのことが真我実現へと導くでしょう。

誰が何について無知なのですか。質問を発し、誰が無知だと言われているのか探求を続けなさい。ひとたびあなたが質問を出し、「私」を突き止めようとするとき、「私」は消え失せるでしょう。あとに残るのが本当の真我の知識です。

その上、何がアヴィディヤー（無知）なのですか。真我の無知です！　しかし誰が真我に無知なのですか。真我が真我について無知であるに違いありません。二つの自己があるでしょうか。

生まれるということはどういうことですか。それは本当の真我ではありません。われわれがひとたびそれに生まれたとき、それは最終的なものです。それは真実であることであり、まさに誕生、霊的な誕生です。その他のものは一時的なヴァーサナ（vasana　条件づけに基づく生来の傾向と気質）の権化にすぎません。もしそれが身体にとってのものでないとすれば、われわれの内部に存在する霊についで語ることはないでしょう。われわれは本当の真我でしょう。

質問者　私はこれを理解しますが、真我実現ではありません。

マハルシ　あなたは多様性の中にいますから、あなたは深い理解のひらめきをもつというのです。あなたはこの多様性を本当のものと考えています。しかし単一性だけが本当なのです。多様性は、それ自身——その実在——を現わす単一性の前に、消え去らなければなりません。単一性はいつも実在します。それは偽りの多様性の中へひらめきを送ることをしません。反対に、この多様性は真実を妨げます。真我の実現はつねに現存しており、あるときにはなく、他のときにはあるということではありません。たとえば太陽は暗闇を知りませんが、他のものは太陽が接近すると消滅する暗闇について語ります。同様に、無知は妄想です。その実在しない本性が発見されるとき、それは取り除かれたと言われます。その上、太陽はあちらにありそしてあなたは太陽の光によって囲まれていますが、これを知るためには、あなたはあなたの目をその方向に向け直し、それを見なければなりません。そこでまた、真我はここかしこにあるけれども、修練だけによって見つけだされるのです。

質問者　どのように、間違った同一視の誤りが生ずるのですか。

マハルシ　それが生じてきたかどうかを見なさい！　エゴは存在しません。

質問者　真我のその状態にあるためには何をすべきですか。

マハルシ　その状態にあるために努力は必要としません。必要とされるのは、すべての間違った考えを放棄することです。考えが起こってきたときはいつでも、誰のところにそれが起こるかを探しだしなさい。新しい想念がやって来たとき、分析によってそれを突き止めなさい。そのうちにすべての想念は打ち砕かれます。

質問者　その観念は一定の対象物への欲望とは思われませんか。

マハルシ　対象は多数ですが、主体は一つです。同じ線に沿って修練しなさい。誰のところに欲望が起こってきているのかを突き止めなさい。

集中とすべてのその他の修練は、無知の不在――すなわち非存在を認めるためのものです。誰も自分自身の存在を否定することのできる人はいません。

存在は知識、自覚です。それは無知の不在を意味します。それでもなお人びとは苦しみます――なぜでしょうか。なぜなら、彼らはあれだとかこれだとかと考えるからです。それは間違いです。私・はあるだけがあるのです。そして「私は何のなにがしである」ではありません。存在が絶対的なものとして見られるとき、それは正しいのです。存在があれやこれやと特徴づけられるとき、それは誤りなのです。それは全体の真理なのです。

人は、彼が存在していることを知るために、鏡の中をのぞきこむでしょうか。それは、彼をそれと認めさせる彼の真我の自覚なのですが、彼はそれを身体と混同しています。眠りの中では彼は身体がなくてさえなお存在しています。その真我の自覚につかまっていなさい。あなたはあなた自身の目を見ることができません。それにもかかわらず目の存在を否定しません。同様に、真我は対象化されないのに、あなたはそれに気づきます。誰が真我を知ることができるのですか。身体がそれを知ることができますか。あなたの責任はあることであり、これであったり、それであったりすることではありません。

方法は「静かにある」の中に要約されます。それはあなた自身を打ち壊すことを意味します。なぜならなんらかの形は困難の原因ですから。「私」が「私」だけとして、「私はこれである」とか「私はあれである」とかとしてではなく、保持されるとき、それが真我です。急に脇道にそれるとき、それはエゴです。本当の真我はこれらの質問を発することはしないでしょうし、することができません。すべてのこれらの議論は、適性と成熟度の問題です。

質問者　無知はどこから生ずるのですか。

マハルシ　無知のようなものは何もありません。それは決して生じません。すべての人はジニャーナ・スヴァルーピ（jnana svarupi　真我の性質をもった人）です。ジニャーナが容易に実現しないということは正当です。無知を追い払うことがいつも存在するジニャーナです。それは所有者の首の周りにとどまっていながら、なくしたと思われているネックレス、あるいはその他の九人のそれぞれを全部数えながら、自分自身を数えなかった十人の愚かな人びとのようなものです。誰のところに知識あるいは無知があるのですか。

あなたの本性は至福です。無知がその至福をいま隠しているのです。至福を束縛から解放するために無知を取り除きなさい。

ハート

生命の流れはハートの中で発生する。このハートはその名をもつ生理学的器官（心臓）で

はなく、その近くにある一つの霊的中心である。あらゆる宗教的信条と人種のすべての人が、子供でさえも、彼らのもっとも深い気持のための隠喩としての「ハート」に言及するときには、それでもなお、彼らの手で胸を指さすであろう。しかし身体の内側であるとか外側であるとかというような議論は、真我実現においては生じえない。あなたが中心を見いだしたとき、あなたはそれが全世界を含んでいることを見つけるだろう。もしあなたが望むならば、半径はあなたの身体にまで、あるいは世界にまで拡げることができる。われわれはその範囲が人間の形に制限されるという誤った仮定をもって出発する。まず中心の位置を確認しなさい。あなたはいつもそこへ戻り、そしていつもその中にとどまっている。それはすべての人類が真我を実現するとき、彼らのための共通の中心である。

質問者　ハート・・・とは何ですか。

マハルシ　それは（もしそのように言われるとすれば）真我の所在地です。それは身体の心臓ではありません。

質問者　ハート・・・は生理学的なハート（心臓）と同じものですか。

マハルシ　ちがいます。すべてこれは求道者を助けるためのものです。それは「私」という想念の源にほかなりません。それは究極の真理です。あなたの源を探し求めなさい。捜査はあなたを自動的にハートに連れて行きます。

霊的なハートは身体のハートとは異なります。熱くなることは後者の現象だけです。前者は経験のある場所です。ちょうど発電機が原動力を明かり、ファンなどの全体のシステムに供給するように、原初のシャクティ（shakti　力）がエネルギーを心臓の鼓動、呼吸などに供給します。

質問者　解剖学者がハート（心臓）を左側に見いだすときに、それが右側にあることを、あなたはどのように言うことができるのですか。

マハルシ　身体の器官が左側にあることが否定されるのではなく、私の言うハートが右側にあるのです。それは私の経験です。何の権威も必要ではありません。しかしそれでも、あなたは『シータ・ウパニシャッド』の中に確証を発見することができます。そこには、そう言っているマントラがあります。

全宇宙がハートの中の一つの小さい穴の中に収容されています。ハートの中の小さな穴はいつも閉じられたままですが、それはヴィチャーラ（vichara　探求）によって開かれます。その結果は「私―私」の意識であり、サマーディ（samadhi　真我への吸収）と同じものです。

質問者　ハートは右に、左に、あるいは中央にあると言われます。そのような意見のちがいがあるとき、われわれは、どのようにそれに対して瞑想するのですか。

マハルシ　あなたがある、ことを知りなさい！　そしてディヤーナ（dhyana　瞑想）はあなたによる、あなたの、あなたの中にあるものであるということが事実です（それを知りなさい）。瞑想はあなたがあるところで、進められねばなりません。それはあなたの外側にあることはできません。したがってあなたはディヤーナの中心であり、それがハートです。位置はもっぱら身体に関して与えられます。あなたはどこにいるのですか。あなたは身体の中にいるのであって、その外にではありません。あなたは身体全部に広がっているけれども、それでもなお、あなたは、すべてのあなたの想念がそこから起こり、その中に沈んでいく一つの中心があることを認めます。手足が切断されたときでさえ、あるいはもし感覚がなくなっても、あなたはなおもそこ（中心）にいます。したがって意識の中心は認められなければなりません。それがハートと呼ばれます。「ハート」というのは真我の別名にほかなりません。疑いは、あなたがそれをなにか手に触れてわかる肉体的なものと同一視するときにのみ起こります。ハートは概念でもなく、瞑想のための対象物でもなく、瞑想の場所としてあります。それは真我であり、そしてただそれだけであるものです。

質問者　すべてに内在する神は、どのようにハートの中に住まうことができるのですか。

マハルシ　われわれは一つの場所に居住するのではないのですか。あなたはあなたの身体の中にあるとは言わないのですか。同様に、神はハートの中に住まうと言われています。ハートは場所ではありません。若干の名前が神の場所として話題にされます。なぜならわれわれは身体の中にいると考えていますから。この種の説明は、相対的知識だけを有難く思うことのできる人びとのためのものです。あらゆるところに内在していますから、神のための場所はありません。われわれは身体の中にいる、と思っていますから、われわれもまた、われわれは生まれたということを信じるのです。しかし、われわれは深い眠りの中では、身体のことも、神のことも、真我実現の方法のことも考えません。それにもかかわらず、われわれが目覚めた状態にあるときには、われわれは身体にしがみつき、われわれは身体の中にいると考えます。パラマートマン（paramatman　至高の真我）は、そこから身体が生まれ、その中に身体が住み、その中に身体が分解するそれです。しかし、われわれは身体の内部に居住すると考えます。それゆえそのような説明が与えられるのです。教えは「内部を調べなさい」と言います。ハートは肉体的なものではありません。瞑想は（胸の）右に、あるいは左に対してすべきではありません。瞑想は真我に対してなされねばなりません。すべての人が「私はある」を知っています。「私」とは誰ですか。それは内部にも外部にも、右にも左にも存在しないでしょう。「私はある」、それはすべてなのです。ハートは、そこからすべてのものが生じてくる中心なのです。あなたがいま世界、身体などを見ていますから、ハートと呼ばれるそれらのための一つの中心がある、と言われているのです。しかし実際に中心の中にいるとそのとき他の何ものも存在しないのですから、ハートは中心の中にも周辺にもないのです。

◆　◆　◆

真我実現に関連して、私がトランス（失神）状態にある間、(注)私は非常にはっきりした経験をもちました。突然一方の側から光がやってきて、世界の眺めを消し去り、ついに周り全体に広がりました。そして世界の映像が完全になくなってしまいました。私は心臓の筋肉組織が止まるのを感じました。私は肉体が死骸のようになり、血液循環が止まったのを理解しました。肉体は青色になり動かなくなりました。ヴァスデーヴァ・シャースリは私（身体）を抱きしめ、私の死を嘆き悲しみましたが、私はしゃべることができませんでした。その間ずっと私は右側のハート・センターが、いつもと同じように働いているのを感じていました。この状態は二十分間続きました。そのとき突然、何ものかが空中で破裂するロケットのように勢いよく飛びだしてきて、右から左へと横切りました。血液循環は再び始動して、正常な状態が回復されました。ハートはそのように身体の中心です。それは身体不在の中で感じられるものですが、しかしわれわれは、われわれが身体の中にとどまっていると考えることに慣らされてきたがために、それが身体の中心であると言われます。実際、身体とその他のすべてのものは、そのセンターの中だけにあります。この経験の中で、私は、書物で述べられているように、意識を失ったわけではなく、はじめからずっと真我に気づいていました。私は肉体的なハートの活動が止まったことを感じることができましたが、同時に、ハート・センターの活動は損なわれることはないとも感じることができました。

質問者　どのようにして心がハートの中へ潜りこむのですか。

マハルシ　心はいま、自分自身を、宇宙の中では多様化されたものとして見ています。もしその多様性が明らかにならないときは、心はそれ自身の本質の中にとどまっています。それがハートです。ハートは唯一の真理です。心は一時的な側面にすぎません。人びとは自分を身体と同一視しているために、世界を自分自身とは分離されたものとして見ています。この誤った同一視は、彼らが自分の停泊地を見失い、彼らの原初の状態からそらされているがために生じます。あなたはいま、すべてのこの偽りの観念を放棄し、あなたの源をたどり、真我としてとどまることを助言されています。その状態の中では、なんらの差異もなんらの疑問も生じないでしょう。

すべての教典は、たんにわれわれを原初の源へと引き返させようとするつもりで書かれているのです。なんらかのものを獲得する必要はありません。われわれは偽りの観念と無益な付加物を放棄する

（注）*"Self Realization, the Life and Teachings of Sri Ramana Maharshi"* by B.V.Narasimha Swami の付録を参照。

ことだけをしなければならないのです。これをする代わりに、どこかほかの場所に幸福がころがっているると信じて、われわれは何か奇妙なミステリアスなものをつかまえようと試みます。それは間違いです。もし人が真我としてとどまっているならば、そこに至福があるのです。人びとはおそらく、静かにしていることは至福の状態をもたらさないと考えているのです。それは、彼らの無知のためなのです。唯一の修練は、誰のところにこれらの質問が生じているのかを見つけだすことです。

第13章

真我の実現

真我の意識は正常な状態である。今われわれの前にあるもつれは異常な状態である。われわれは今、すでにその中にいるにもかかわらず、完全な状態に向かって成長しなければならない、と思っている。しかし、われわれはそれを外部の物事や想念で覆ってきた。人びとは超意識の達成について語るが、これは誤りである。この真我はわれわれの正常な意識である。われわれはそれを開発し達成しなければならないと思っているが、われわれはいつもその中にあり、ただ、われわれの注意が、それから知的なものや対象物の方へそらされているだけなのだ。

何か達成されなければならないものは、実在ではなく、真実ではない。われわれはすでに実在であり、真実である。本当に得るべきものは何も存在しない。それは今、ここにある。

私はなぜかわからぬまま、文字通り「魅せられて」ここに来た。しかし人が見る人をよく理解したときには、ほかに見られるべき何ものもなく、行って訪問したいと思う場所はほかにどこもない。見る人、見られる対象、見る行為、これらすべてが、いま一つのもの、すべてのものの土台の中に溶けこんでいる。

真我実現の状態はまっすぐな主要道路のようであり、知性と感覚はジャングルである。われわれはすべて、ジャングルの中をさまよい歩いている。主要道路に着くのは困難であるが、いったんそこに着けば、道はまっすぐであり、安楽である。それが、私が真我の実現は容易であると言う理由である。

あることがわれわれの本性である。したがって、われわれは何を見つけださなければならないのか。われわれ自身を知るならば、われわれはもはや、想念や欲望によって悩まされることはない。これらのことは、われわれの本当の状態ではない。われわれは自分自身を見つけださなければならないのではなく、ただわれわれ自身であり、われわれが本当にある――想念とエゴイズムから解放されている――ことでなければならないだけである。

この真我実現を達成するためには、手段は次のものである。

（a）心をその対象からそらし、世界の客観的な見方をやめること。

（b）心の内面的活動を終わらせること。

（c）心を個性のないものにすること。

（d）心を純粋なヴィチャーラ（vichara　探求）の中で休止させること。

マハルシは、かつて、どのようにして彼が真我実現を得たかを語った。彼の父が死んだ日、死によって彼は当惑し、数時間それを熟考した。そのとき、母と兄弟は涙を流して泣いていた。検討した結果、彼は、身体をして見、走り、歩き、食べさせるのは「私」である、という知覚に到達した。「私がいまこれを知っているが、父の『私』は身体を離れたのだ」。その日、彼はジニャーナ（jnana　真我についての知識）を得た。

質問者　解放とは何でしょうか。

マハルシ　それはあなたが生まれなかった、ということを知ることです。静かにしていなさい。そうすれば私は神です。静かにしていることは考えることではありません。

あなたはあなたの真我を見失いました。内部に向き直りなさい。もしあなたが心の源を探し求めるなら、それは真我を後に残して消え去るでしょう。あなたは、後に真我を意識するようになるでしょう。しかし、それはあなたの本性が、いまでさえ瞑想とは異なることを意味するものではありません。

静かであること、あるいは平安が真我の実現です。真我が存在しないときはありません。疑いあるいは実現していないという感じがある限り、これらの想念を取り除く試みがなされねばなりません。想念は、真我が真我でないものと同一視することの結果です。真我でないものが消えるとき、真我だけが残ります。場所を空けるためには、締めつけているかすがいを取り除くことで十分です。空間が新しく創りだされるのではありません。そうではない！――それ以上に――かすがいで締めつけているときでさえ、そこに空間があるのです。

質問者　真我を実現するための障害は何ですか。

マハルシ　主として記憶です。それに考える癖と蓄積された性向が加わります。

質問者　これらの障害をどのようにして取り除くことができますか。

マハルシ　すべての想念を心であるその源までさかのぼってたどることによって、瞑想を通じて真我を発見しなさい。想念が続くのを、決して許してはなりません。もしそれをすると、それは終わることはないでしょう。心であるその源までさかのぼってたどりなさい、そうすればそれら（想念と心）は死に、活動しなくなるでしょう。というのは、心は想念によってだけ存在するにすぎないのです。想念を取り去りなさい。そうすれば心は存在しません。それぞれの疑念や落ちこみが生じたとき、「それを疑っているのは誰か」「落ちこんでいるのは誰か」をあなた自身にたずねなさい。すべてのものを引き離しなさい。そうすれば何もなく、源だけが残ります。現在にだけ生きなさい。

真我の実現はすでにここにあるのです。想念から解放された状態がただ一つの本当の状態です。実現というような行為があるわけではありません。誰か真我を実現していない人がいるでしょうか。誰か自分の存在を否定する人がいるでしょうか。われわれがわれわれの真我を知らないことがどうであれ、われわれはわれわれの存在を認めるのですから。われわれを幸福から切り離すのは想念です。われわれが存在することを、どのようにして知るのでしょうか。もしあなたが、それはわれわれの周りにある世界のためだと言うなら、あなたは眠りの中であなたが存在していたことを、どのようにして知るのですか。

質問者　真我実現はどのようにして可能になったのですか。

マハルシ　火から出てくるようにそこから閃光が出てくる絶対的な真我があります。閃光はエゴと呼ばれます。無知な人の場合には、それはそれが生じたとき若干の対象物と同一であるとみなします。それは、そのような連想とは無関係なものとしてとどまることはできません。この連想は無知です。それを打ち砕くことはわれわれの努力の目的です。もしエゴによって対象化される性向が絶滅されるならば、それは純粋なものとして残り、その源の中に溶けこみます。

「私は誰か」という探求がエゴを切り取る斧なのです。

別のときに

マハルシ　質問者は私に同意しません。彼はどのようにして真我を実現するかをたずねました。そして私が彼に話したとき、彼は、私が単純な真理を与えたために満足しませんでした。彼は異常で不必要ないくつかのことを欲しがります。そこで私にとって最善のことは、沈黙を守ることです。彼には自分のやり方をさせておきなさい。

質問者　私はバクティ（bhakti　帰依）を切望しています。私はこの切望をいっそう欲しています。真我の実現さえ、私には重要ではありません。私の切望を強くさせてください。

マハルシ　もし切望があるなら、たとえあなたがそれを欲しなくても、真我の実現はあなたに強制されるでしょう。

質問者　資質を開発することは必要ですか。

マハルシ　それは初心者にとってだけ必要です。進んだ人びとにとっては、その本性をのぞいて見ることで十分です。これは直接的な方法です。すべての他の道においては、エゴを必要とします。これ（直接的な方法）だけがエゴとは何かという質問に応えます。『ヨーガ・ヴァーシシタ』は、「私は誰か」という探求が、エゴの根を絶とうとするとき、それを打ち砕く斧である、と言っています。

ところが実際は、『ヨーガ・スートラ』などに指摘されているように、世界には、求道者にとって必要なすべての質を完璧にそなえた、どんな個我もいないかもしれません。しかしアートマ・ジニャーナ（atma jnana　アートマンの知識）の追求は放棄されてはなりません。われわれはそれに気づいていないかもしれないけれども、われわれはすべてアパロクシャ（aparoksha　直接の）による真我なのです。その代わりとして、われわれは真我を身体と同一視し、そうして不幸になるのです。

質問者　私は、その究極のゴールに到達するのは容易なことではないと恐れます。

マハルシ　なぜ、あなたの進路の成否を恐れたり心配したりして、うんざりするのですか。どんどん進みなさい！　深い瞑想に熱中しなさい。すべての他の問題を捨て去りなさい。前もって計画された人生は、霊的成功で報いられることはないでしょう。

質問者　私は真我を実現できますか。それはたいへん難しいように思われます。

マハルシ　あなたはすでに真我です。それゆえ真我の実現はすべての人のためのものです。真我実現は求道者の違いを知りません。この疑いそのもの――私は実現できるかどうか、あるいは私は実現していないという気持――が障害なのです。これから解放されていなさい。

あなたが困難についてのその想念をもったときはいつでも、それがどこから生じているかを見つけだそうとすることによって、それを完全に処分しなさい。

質問者　それにもかかわらず、私が経験をもつのでなければ、どうして私はこれらの矛盾する想念から解放されることができるでしょうか。

マハルシ　それらもまた心の中にあります。あなたが、あなた自身を身体と同一視したから、それらの想念がそこにあるのです。もしこの間違った同一性がなくなれば、無知は消え失せて真理が明らかになるでしょう。

質問者　バクティは二元性を意味するのではないでしょうか。

マハルシ　バクティと真我実現は同じものです。アドヴァイティン（advaitin　非二元論者）の真我はバクタ（bhakta　信仰の道に従う人）の神です。個人の身体が魂を含むのとちょうど同じように、エゴと肉体は、そして神もまたパラマートマン、世界、個我を含んでいます。

真我であるのに、なぜ人は幸福を切望し続けるのでしょうか。その切望をなくすことがそれ自身救済なのです。教典は「あなたはそれである」と言います。その知識の重要性を明らかにすることが、それら（教典）の本来の目的なのです。真我の実現は、あなたが誰かを見つけだし、その「私」としてとどまることでなければなりません。「私はこれであってそれではない」と言うことは時間の浪費にすぎません。立派な弟子にとって、仕事は彼自身の内部にあり、外部にではありません。

すでにティルヴァンナマライにいるとき、誰かにここへの道をたずねることはばかげたことでしょう。そのように、真我でありながら、どのように真我を実現するのかをたずねることは、また滑稽なことです。真我の中にとどまりなさい。それがすべてです。「私」が重要な基礎です。そしてこれを知ることによって、他のすべてが知られるのです。

質問者　どのようにして「私―私」の意識が感じられますか。

マハルシ　「私」の途切れない自覚として。それはただ意識だけです。あなたは、いまでさえそれなのです。純粋であるとき、誤ったそれ（It）は存在しないでしょう。

質問者　その意識はなんらかの喜びを与えることができますか。

マハルシ　その本性は喜びです。喜びだけがあります。喜びを享受する人は誰もいません。享受する人と喜びの両方がその中で一つに溶けこんでいます。喜びは心を内部に向き直らせ、内部に保つことです。苦しみはそれを外側に追いやることです。喜びの不在が苦しみと呼ばれます。人の本性は喜び、すなわち至福です。

それは真我実現を切望している魂ではありません。後者（真我実現）はつねにあるのですから。あなたは、あなた自身を否定しますか。いいえ。そのとき真我は存在しています。それは探し求めているエゴにほかなりません。

『ヨーガ・ヴァーシシタ』の中で、本当のものはわれわれから隠されているが、偽りのものは本当のものとして明らかにされる、と言われています。実際はわれわれは実在だけを経験していますが、しかし、われわれはそれを知らないのです。それは不思議中の不思議ではありませんか。

質問者　われわれの試みはたしかに成功するでしょうか。

マハルシ　真我実現はわれわれの本性です。獲得されるべき新しいものは何もありません。新しいものは永遠であることはできません。それゆえ、人が真我を得るか失うかを疑う必要はありません。

私は少年として「死」の体験をもったとき、真我の中に入り、そしてそのとき以来、私は「進歩」しておらず、また少しも進んでいません。それ以来ずっと同じままでとどまってきました――なんの発展もなかったのです。

マハルシは、彼が若年のとき、霊的な真我実現をもたらした現実のプロセスは二十分も要しなかったことをわれわれに語った。次の数年は、徐々に順応する中で、この実現を確立するのに費やされた。

質問者　チンタマニ（chintamani）、すべての人の望みをかなえる天の宝石を得るのに、どれくらいの時間がかかりますか。

マハルシ　チンタマニの実例は『ヨーガ・ヴァーシシタ』の中に見いだされます。チンタマニは真我の本当の性質を意味します。物語は以下の通りです。一人の男がチンタマニを獲得するためにタパス（tapas　宗教的禁欲生活）をしていました。一つの宝石が謎のように彼の手にころがりこんできましたが、彼はそれがとてもチンタマニではありえない、と思いました。なぜなら、彼の努力はその宝石を獲得するにはあまりに短く、またあまりにも少なかったからです。彼はそれを捨ててタパスを続けました。後ほど一人のサードゥが、カットして形を整えた一つのきらびやかに光る小石を彼の前に置きました。その男は、その外観によって騙されましたが、それが彼が必要としてきたように願望をかなえることができないことを見いだしました。同様に真我は生来のものですから、それはほかの場所に探し求められるべきではありません。

質問者　どのようにしてプールナ（purna　完全な）・ブラフマンに到達すべきですか。グリハスタ（grihastha　家住者）にもっとも適した方法は何でしょうか。

マハルシ　あなたはすでにプールナ（すなわち完全さ）をもっています。あなたはプールナとは別なのですか。もしそうであるなら、プールナでありなさい。それにもしプールナでないなら、どうしてその問が生じるのですか。プールナ・ブラフマンとあなたが互いに別のものではないという知識は、最終的なものです。それを知りなさい。そうすれば、あなたはグリハスタあるいは何か限られた存在ではないことを発見するでしょう。この知識はその他の事柄を自動的に明らかにするでしょう。

質問者　どのようにして私は、本当の状態がいつも私の前にあるという考えをもちつづけることができますか。

マハルシ　あなたがその単純な考えにつかまっていることができないから、あなたがしっかりとしていないから、あなたは、あなたが身体であると考えるのです！　あなたがティルヴァンナマライに行きマハルシに会わなければならないという考えは、たんなる知性の働きにすぎません。助けは必要ないのです。あなたはすでにあなたの原初の状態にあります。どうして誰かが、あなたがすでにいるところへ到着するのを助けることができるでしょう。与えられる助けは、本当は、あなたの誤った考えを捨てることなのです。偉大な人びと、グルは、あなたの道にある障害物を取り除くことによって、助けを与えることができるにすぎないのです。

◆　◆　◆

本当の状態は中味をもたない意識です。これを否定し、個人の、また心の意識に関する限り、意識が対象をもたねばならないと言う西洋の心理学者はまったく正しいものです。しかし、彼らがそれを普遍的な存在に適用するとき、彼らは正しくないのです。

質問者　もし「私」がいつも今ここにあるとすれば、なぜ私はそれを感じないのですか。

マハルシ　それが要点です！　誰がそれは感じられないと言うのですか。本当の「私」がそう言うのですか。あるいは偽りの「私」ですか。それを調べなさい。あなたは、それは誤った「私」であることを見いだすでしょう。誤った「私」が障害物なのです。本当の「私」が隠されないように、その障害物は取り除かれなければなりません。

「私は真我を実現していない」という感じが、実現の障害物なのです。実際は、あなたはすでに真我を実現しているのです。実現すべきものは何もありません。もしあるとすれば、それは新しい何かでなくてはならないでしょう。いままでに存在しなかったとすれば、将来、いつか起こるでしょう。

生まれたものはまた死ぬでしょう。もし真我の実現が永遠でないとすれば、それは持つに値しないでしょう。それゆえ、われわれが探し求めるものは、新しく起こらねばならないものではありません。それは永遠であり、障害物のために知られていないものだけです。それがわれわれの探し求めているものなのです。無知は障害物です。それを取り除きなさい。そうすればすべてはうまくいくでしょう。

無知は「私」という想念と同じです。その源を見つけなさい。そうすればそれは消え失せます。「私」という想念は、その正体がはっきりしない霊魂のようなものであり、身体と同時に起こってきてその上に生い茂り、それとともに消滅します。身体意識は誤った「私」です。それを放棄しなさい！これは「私」の源を探し求めることによってなされます。身体は「私はある」とは言いません。「私は身体である」と言うのはあなたです。この「私」が誰かを見つけだしなさい。その源を探し求めると、それは消え去るでしょう。

質問者　われわれのサーダナ（sadhana　霊的修練の方法）はどうあるべきですか。

マハルシ　シッダ（siddha　完成された賢者）のサハジャ（sahaja　本性）です！　サハジャは原初の状態です。そのため、サーダナはこの永続する真理を理解するための障害の除去をもたらします。

修練を繰り返すことによって、人は、内部に向き直り、真我を発見する習慣をつけるようになることができます。人は永久に真我を実現するまで、いつも、絶えることなく努力しなければなりません。ひとたび努力がやむと、状態は本来のものになり、至高者はとぎれることのない流れをもつ人を手に入れます。状態が永遠に本来のものになり、あなたの習慣的状態になるまでは、あなたは真我を実現しておらず、たんにそれをかいま見たにすぎないことを知りなさい。

真我を実現する魂は、それ自身をその身体と同一視することなく、なお働いている身体、感覚、心とつながっているかもしれません。

あなたが源に達したときにだけ満足があります。さもないと、不安な状態があるでしょう。

第 14 章

超神秘主義の必要

すべての形而上学的議論は、それがわれわれに、本当の実在を求めて真我の内部を探求させるのでなければ、実りのないものである。人は、おびただしい書物、おそらく全蔵書をくまなく探すことができるし、しばしばそれを実行してもなお、人が何であるかについてのもっともおぼろげな理解さえ得られずに終わる。学習はしばしば害を与え、とくにそれが人のエゴとうぬぼれを増長させるときには、これらが進歩への重大な障害であることがわかる。

科学は、それがまだ真我を探求する以前に、外部の宇宙を探求している。発明は絶えず行なわれている。それは、われわれが次つぎに新しいものを発明しつづけることができるので、決してやむことはないだろう。何の役に立つのか。これはすべてマーヤ（maya　幻影）である。内部に向きを変え、まず第一にあなたの真我を知れ。

あなたがつくっている、私の言ったことその他についての、これらのすべての注釈は、初心者にとって、友人にとって有益であり、その他の人びとの質問に答えるものである。しか

し、あなた自身にとっては、それらはたんなる紙片にすぎないことを、あなたは知っている。真我の中に潜りこみ、そこであなたの知りたいすべてのことを発見せよ！

創造、宇宙の本性、進化、神の目的などについての、すべての論争は無益である。それらは本当の幸福に導かない。人びとは、彼らが「私は誰か」を見つけだそうとする前に、彼ら自身の外側にある物事について見つけだそうとしている。この手段によってだけ、彼らは幸福を得ることができるのか――全宇宙を理解することによってではなく。なぜなら真我は幸福であるから。

質問者　瞑想して若干時間がたつと、私は、想念が消え去り、静寂が行き渡るのを見いだします。その静寂の内部で、私は私がすべての注意をその上に集中している胸あるいは心臓の中にある小さな種子あるいは点に気づきます。これがあなたの言う真我ですか。

マハルシ　そうです。それが真我です。とはいえ、あなたは完全な真我実現のため、いっそう深く入って行かねばならないのです。それにつかまっていなさい。その流れを見失ってはなりません。「私は真我に瞑想しています」、あるいは「私は何か他のものに瞑想しています」という誤った考えをもつことによって、それを見失ってはなりません。そのような点から見て、あなたが真我で**ある**こと、この静寂があなたの本来の状態であることを、記憶しているようにしなさい。ここから迷子にならないよう油断なく見守りなさい。

さまざまな学派の哲学の混み入った迷路は、問題を明らかにし、真理を明示するためだと言われています。しかし実際は、それらは誰も存在を必要としていない混乱をつくり出しています。何かを理解するために、真我は存在しなければなりません。真我は明白です。なぜ真我としてとどまらないのですか。自己でないものを説明するどんな必要があるのですか。たとえばヴェーダーンタをとり上げてみましょう。そこには十六種類のプラーナ（prana　呼吸）があると言われます。学生はそれらの名前と機能を記憶させられます。空気が上がるとそれはプラーナと呼ばれ、そして下がると、それはアパーナ（apana）と呼ばれます。それはインドリヤー（indriyas　感覚器官）を動かし、そうすると何か他のものと呼ばれます。すべてにおいて、なぜこんなことをするのでしょうか。なぜあなたは、分類し、名前を与え、機能を列挙する、といったことをするのですか。一つのプラーナがすべての仕事をすることを知るので十分ではないのですか。アンタカラナ（antahkarana　心）が考え、欲し、意図し、判断するなどです。そしてそれぞれの機能が、心あるいは知性のような一つの名に帰せられます。誰がプラーナあるいはアンタカラナを見たのですか。それらはなにか実体をもっているのですか。それらはたんなる概念にすぎません。いつ、どこでそれらは終わるでしょうか。

一人の人が眠っています。これを考えなさい。彼は目覚めたとき、彼は眠ったと言います。「なぜ眠っているとき彼は眠っていると言わないのか」という質問がなされます。彼は真我の中に沈んでおり話すことができないという答えが与えられます。プールの中に潜り、何かを底から持って上がる誰かのように。ダイヴァーは話すことができません。実際に品物を発見し、水の中から出てきたとき、彼は話します。ところでどういう説明なのでしょうか。彼が水の中に浸っているとき、もし彼が話すために口を開けると水が口の中に流れこんでくるでしょう。それは単純なことではありませんか。しかし哲学者はこの単純な事実では満足しません。彼は、火は話すことを主宰する神である。そしてそれは水に対して敵意をもっており、それゆえ機能することができない、と言って説明します。これが哲学と言われ、学者はすべてこれを学ぶために苦闘しているのです。それはまったくの時間の浪費ではありませんか。その上、神は個人の手足や感覚を統括していると言われます。そこで彼ら（学者たち）は、ヒランヤガルバ（hiranyagarba　宇宙卵）などについて語ります。なぜ混乱がつくり出され、そしてうまく言い抜けなければならないのでしょうか。この迷路に巻きこまれない人びとは幸運です。私がそれに決してなじまなかったことは、たいへん幸せでした。もし私がそうなっていたら、私はたぶんどこにもおらず、いつも混乱の中にいたでしょう。幸いなことに、私のヴァーサナ（vasana　条件づけに基づく生来の傾向と気質）が私を直接に「私は誰か」という探求に専心させたのです。

質問者　科学的知識はどうですか。

マハルシ　すべての相対的知識は真我ではなく、心に属するものです。それゆえそれは仮空のものであり永久的なものではありません。たとえば、地球が丸いという理論を順序立てて説明した科学者は、それを議論の余地なく証明したかもしれませんが、しかし、彼が眠りに落ちたとき、すべての観念は消え去り、彼の心は空白のままに放置されます。世界が丸いのか平たいのかは、彼が眠っているとき何の問題も生じないのです。したがってあなたは、すべてのそのような相対的知識は無用であることを知ります。本当の知識はすべての相対的知識を超えていくべきものであり、そして真我の中にとどまっていなさい。真我は知性を超越していることを理解しなさい。知性それ自身は、真我に到達するために消え去らなければなりません。

◆ ◆ ◆

ジニャーニ（jnani 真我を実現した人）は、ヨーギが身体の存在とその真我からの分離を仮定し、それゆえヨーガの修練によるそれらの再統合のための努力を助言していることを指摘しています。実際は、身体は心の中にあり、心は脳の中に所在しています。脳はその他の源から借りてきた光によって機能しています。ヨーギ自身によって、その泉門*理論（生命の流れが泉門を通して身体に入るという）の中で認められているように。ジニャーニは、もし光が借りられたものであれば、それは原初の源から来なければならない、と論じています。直接に源に行き、そして借りられた源に依存しないようにしなさい。鉄の玉は、鉄の大きな塊から分離されるためには火を必要とします。後にそれは火を手放して冷却しますが、もしそれが塊と再融合するときには、もう一度熱せられなければなりません。したがって、真我からの分離の原因がまた統合の手段でもなければならないのです。

さらに、もし映しだされる映像があるときには、源と付属物もまた存在しなければなりません。太陽と反射のためのポット一杯の水のように。反射をなくすためには、表面を覆い隠すことができるか――ヨーギによる泉門に届くことに対応する――、あるいは水が流れだすことができる――それはタパス、すなわち想念あるいは脳の活動が終息させられる、これがジニャーナ・マールガ（jnana marga 知識の道）ですが――かすればよいのです。

しかし、これらはすべてジィーヴァ（jiva　個我）が真我あるいはブラフマンから分離されているという仮定に基づいています。しかし、われわれは分離されているのですか。「否」とジニャーナは言います。色のないクリスタルと色のついた背景の場合のように、エゴはただ誤って真我を真我でないものと同一視しているのです。クリスタルは、色をもちませんが、その背景のために赤く見えます。もし背景が取り除かれたならば、クリスタルは原初の純粋さをもって輝きます。真我とアンタカラナについてもそれと同様です。

＊訳注　頭蓋骨のすきま。

なおその上、実例による説明もまったく不適切です。というのは、エゴはその源を真我の中にもっており、クリスタルに対する背景のように分離されてはいません。その源はハートであり、真我です。アートマンに対して、このようであるかあのようであるかと、それが自ら輝くさまを発見しようとして、われわれの知性を働かせはじめないようにしましょう。われわれの束縛を構成するのは、この種のとりとめのない想念です。

◆ ◆ ◆

私がティルヴァンナマライへ来て、人びとが私を悩ましはじめるまで、私は決して、これらの哲学的難問や論争や問題を知ることはありませんでした。そのときまで、私は決してそれらに、関心をもつことはありませんでした。私は、なんらかの哲学体系をまったく知りませんでした。すべてのこれらの体系は、真我実現という一つの単純な事実から引きだされてきました。それゆえ、真我実現を探し求め、ヴィチャーラを修練し、そして、哲学や体系や問題について思いわずらうことのないようにしなさい。

付録 I. II. III.

東洋と西洋の思想家

これはブラントンが、他の教師、著述家、有名人、賢者に関する対話を集めた覚え書に与えた仮のタイトルであった。マハルシは他の教師たちの哲学に対する彼の意見をしばしばたずねられた。彼の特有の応答は、質問者が、彼あるいは彼女自身の体験にまでさかのぼって言及すること、他の人びとについての討論に引きこまれる前に、彼ら自身の真我を実現するよう勧めることであった。

シャンカラ

質問者 若干の人びとは、シャンカラは一知識人にすぎず、真我を実現していなかった、と言います。

マハルシ なぜシャンカラについて心配するのですか。あなた自身真我を実現しなさい。他の人びとは自分で面倒を見ることができます。

質問者　マハルシの教えはシャンカラのそれと同じですか。

マハルシ　マハルシの教えは、もっぱら彼自身の体験と真我実現の表現です。他の人びとが、それがシュリー・シャンカラの教えと一致することを発見したのです。

質問者　それは、同一の真我実現を表現する他の方法で言いかえることができますか。

マハルシ　真我を実現した人は彼自身の言語を使用するでしょう。沈黙は最善の言語です。シャンカラの書物は討論と知的議論のためには良いのですが、実際的な経験が必要とされます。シャンカラの『ヴィヴェーカチューダーマニ』一七〇頌は、ジニャーナ・ヨーガ全体を要約しています。

マハルシ　実在と幻想は両方とも同じものです。

質問者　どのようにしてそのことは可能ですか。

マハルシ　タントラ教の信者とその他の人びとは、マーヤ・ヴァーダすなわち幻想の哲学として、正確に理解することなくシュリー・シャンカラの哲学を非難しています。シャンカラは実際に何と言っているのでしょうか。①ブラフマンは実在である、②宇宙は非実在、神話である、③ブラフマンは宇宙であるということです。シュリー・シャンカラがもし彼の第二の陳述で止まったならば、タントラ教の信者は正しいとされるかもしれません。しかし、シャンカラははじめの二点を第三点で敷衍《ふえん》しています。それは何を意味するのでしょうか。その認識は誤りであり錯覚に基づくものです。反対者はロープにおける蛇の説明を指さしており、彼らは無条件の神話を説明したと考えます。ロープの真実が知られた後には、蛇の幻想はこれを最後に取り除かれます。この説明は彼らの立場を完全に明らかにしていないのだから、彼らは助けとしてもう一つのアナロジー、蜃気楼のそれを強調します。その神話的な性質は和らげられています。蜃気楼は、ひとたびわれわれがそれが蜃気楼であると知っても消え失せません。その外観は続きますが、われわれは水を求めてそこへ走っていくことはありません。それが非実在であることは知られています。

論争者たちは次のように議論を続けます。「両方の説明を認めるとして、どのように世界が非実在であることが証明されるのか。蜃気楼の水は、たしかに非実在である、なぜならそれは有用な目的に役立つことができないから。しかし、世界の現象は異なる、なぜならそれらは有用であるから」と。

シャンカラは「現象は、ただそれが目的に役立つという理由だけで実在と認めることはできない」と議論します。彼は夢という第三番目の実例をもちだします。夢の創造は、目的で満たされており、それは夢の中で役割をもっています。たとえば夢に出てくる水は、夢の中でののどの渇きをいやします。しかし、夢の創造は目覚めた状態では矛盾します。ある瞬間に実在であったのが次の瞬間には非実在であるものは、実在しているとは言えません。もしそれが実在であるとすれば、それはつねにそうでなければなりません。そのように、それ（世界）は魔術的な創造を伴っているのです。それらは実在らしく見えますが、それにもかかわらず架空のものなのです。もし熱心な求道者が、そのとき、なぜ世界はなお現われてこなければならないのですか、と問うならば、シャンカラは反対質問をもって答えます。「誰のところにそれは現われているのか」と。そしてあなたの答えは「真我のところにでなくてはなりません。また別の場合には、「世界は自分自身の認識がないときに現われるだろうか」という質問が生ずるでしょう。それゆえ、真我は究極で唯一の実在なのです。

シャンカラの結論はこのようになります。現象は、それが真我として見られるとき実在である。そして真我から離れて見られるとき神話である。さて、タントラ教信者は何と言うでしょうか。彼らは、現象はそれらがその中に現われる実在の一部であるがゆえに実在である、と言います。これらの二つの陳述は同じではないでしょうか。それが、私が実在と幻想は同じものである、という意味です。

ラーマクリシュナ・パラマハンサ

質問者　ラーマクリシュナは神の前で泣きました。それは従うべき道ではありませんか。

マハルシ　彼は、すべての体験の始めから終わりまで、彼を促す強い力をもっていました。彼は偉大な力が彼を目標に連れて行くことを確信することができました。涙はしばしば弱さのしるしと考えられますが、偉大な人は弱くありませんでした。これらの泣くことの表明は、われわれにそのようなふるまいをさせる偉大な潮流の一時的な現われにすぎません。われわれは達成されるべき目的を探さなければならないのです。

シュリー・オーロビンド

質問者　オーロビンドは、頭の中に住む真我の光はハートにまで下ろされねばならない、と言っています。

マハルシ　真我はすでにハートの中にあるのではないでしょうか。どのようにして真我を一つの場所から他の場所へもっていくことが可能なのですか。

質問者　シュリー・オーロビンドは神の下降をもたらすという理想を教えています。

マハルシ　真我が知られているとき、いかにしてそれが上がったり下がったりできるのですか。それはつねに一つの場所にあります。

質問者　シュリー・オーロビンドのヨーガと、ヴェーダのリシの経験を超えたものを突き止めたという彼の主張について、バガヴァーンはどんな意見をお持ちですか。

マハルシ　オーロビンドは完全な放棄を勧めています。まず第一にそれを実行し、結果を待ち、そして――もし必要なら――今ではなく後で、いっそうの討論をしましょう。まだそのウパーディ(upadhis　外部から強制された限定)を取り除いていない人びとにとって、超越的経験を討論することは無意味です。放棄とは何かを学びなさい。それは真我の中に溶けこむことです。真我とは、それに対してわれわれのエゴを放棄することです。それはまた、至高のパワーすなわち真我をして、それが好むことをさせることを意味します。エゴはすでに真我のものです。われわれは、まさにエゴが存在するときに、エゴを超えたところに正しいものをもつことはありません。もしわれわれがエゴをもつならば、なおいっそう放棄しなければなりません。神の意識を上から下へもってくるというオーロビンドの言葉は、それがすでにハートの中にあることを無視しています。「神の王国は内部にある」とバイブルは言っています。何を下へもってくるべきなのですか。どこから。誰がそれをもってくるというのですか。何を、そしてなぜ。真我の実現は障害物を取り除き、永遠の内在する実在を認めることにすぎません。実在は**あります**。それは、場所から場所へもって行く必要はないのです。

質問者　真我の実現から出発し、いっそう発展するというオーロビンドの主張はどうでしょうか。

マハルシ　まず第一に真我を実現しましょう。そうすればわかります。ヴィシシタードヴァイティン＊

＊訳注　非二元論の修正された形態を信じる人。

(visishtadvaitins）はジィーヴァートマン（jivatman　個我）はパラマートマン（paramatman　至高の真我）へ無条件に放棄されるべきである、と言います。そのときにおいてのみ、それは完成します。部分は全体にゆだねられます。それがモークシャとサユージャ（sayujiya　跡形もなく溶ける）です。シッダ（siddha　完成された賢者）は、その身体を死骸として後に残す人はムクティ（mukti　解脱）を達成できない、と言います。彼らは再生します。身体を宇宙空間、光あるいは見えないところに溶かす人びとだけが解放（モークシャ）を達成します。シャンカラのアドヴァイティン学派は真我実現で短期間とどまるがこれは目的ではない、とシッダは言います。また自分のお気に入りの理論を最善のものとして激賞する人びともいます。

実際は、実在が存在するということなのです。それはどんな討論によっても影響されません。実在としてとどまりましょう。そして、その本性などについてのむだな討論にふけることはやめなさい。

リチャード・M・バック

質問者　バックの『宇宙意識（注）』の中で西洋人が話題にした至福を与えるイルミネーションの本性は何ですか。

マハルシ　それは閃光としてやってきて、それ自体で消えていく。始めをもつそれはまた終らねばならない。つねに存在する意識が認められたときにのみ、それは永久的なものになるでしょう。

ポール・ブラントン

質問者　なぜP.B. は、より高度な知識をもっていたときに、エジプトで蛇に魅せられたように程度の低いことに熱中していたのですか。

マハルシ　それは彼のプラーラブダに違いありません。

訪問者が何度かマハルシにたずねた。ポール・ブラントンはどのようにして『秘められたインド』の中で書いているイルミネーションを得るようになったのか。またなぜ訪問者たちは、多くの年月の後でなければそれを得られないのか、と。マハルシは、P.B. は前世で行なってきたサーダナで高度な進んだ状態に達し、その結果より強いイルミネーションを得られるほど成熟したのだ、と言った。

（注）『宇宙意識――人類の進化についての研究』一九〇一年に初版出版。邦訳はナチュラルスピリットより刊行。

質問者　P.B.の仕事は、たんにジャーナリスティックなものにすぎないのか、あるいは正真正銘の霊性の結果だったのですか。

マハルシ　どんな疑いを抱く余地がありうるでしょうか。

コロンボから来た一人の男が夢を見た。マハルシが彼の前に現われて言った。「あなたが世俗的な、あるいは霊的な困難にであったときは、ヨーガの体操をしなさい。呼吸をゆるやかにして、心をハートにもって行くことだ」。そのことを彼はそこで述べた。夢を見た男は、それはまさに『自己を敬うものの探求』の中でP.B.によって与えられたことだと答えた。「そうだ」とマハルシは答えた。「彼は私の『両眼』の一つだ。彼を通じて私のシャクティ（shakti　力）が働いている。ぴったりと彼の後について行きなさい」。

質問者　同様にポール・ブラントンの『秘められた道』は、インド人にとって有益ですか。

マハルシ　はい、誰にとっても。

質問者　身体と感覚などは「私」ではないという教義は、われわれの間では共通のものですが、どのようにこれを修練すべきでしょうか。

マハルシ　ブラントンの書物で名をあげられている三種の方法で。

質問者　その本によると、介在する一つの空白があります。

マハルシ　そのとおりです。しかし、そこで止まってはいけません。誰にとってその空白が現われているのかを知りなさい。そこにラヤ（laya　心が一時的に休止している空白の状態）があります。弟子でさえラヤの中で無意識になります。心はしばらくして目を覚まします。

マハルシはP.B.に彼の書いていることについて意見を述べた。

マハルシ　あなたは、あなたの書物の中で私が言っていることと同じことを言っています。ただあなたはそれを近代的な仕方で言っているにすぎません。

マハルシは次のような個人的なメッセージを郵便でイギリスにいるP.B.に送った。

心配ないよ！　あなたは真我です！　それであリなさい！　「遠い」とか「近い」とかはたんなる心の産物にすぎません。本当の真我には疑いをさしはさむ余地はありません。したがってあなたは、その道が正しいかどうかを心配する必要はありません。心配や疑いはその道が知られていないからに過ぎないのです。その道それ自体があなたを正確に教えるでしょう。

ムッソリーニ

イタリア―アビシニア戦争中

マハルシ　普通の人ではなく、そのような異常な才能を授けられたムッソリーニのような一人の男が、その才能をより高次の目的に使うことなく、彼の同僚の破壊のために誤用することは、残念なことです。

マハートマー・ガーンディー

バブー・ラジェンドラ・プラサード、インド国民会議派の総裁が、マハルシを訪ねた。辞去するとき、彼はガーンディーに伝えることのできるメッセージを依頼した。

マハルシ　ハートがハートに話しかけるとき、どんな言葉が必要でしょうか。

イエス

質問者　「天の王国」という表現でイエスが意味したのは自己認識ですか。

マハルシ　そうです。ヴェーダーンティン（vedantins　ヴェーダーンタ哲学の追従者）はイエスを理解することができます。キリスト教においては、キリストはエゴ、十字架は身体、神は父、絶対的存在です。エゴがはりつけにされ、それが死んだとき、生き残ったのは絶対的存在です。そのプロセスが復活と言われます。

イエスの叫び、十字架の上での「私の神よ！」は、彼とともにはりつけにされた二人の泥棒に代わっての祈り（代祷《だいとう》）であったのかもしれません。あるジニャーニは苦しむために現われ、他の人はサマーディの中にあり、他の人は死の前に視野から消えるかもしれません。ジニャーニがいかにして身体から離れるかは重要ではありません。それは彼らの知識になんの違いももたらしません。苦しんでいるように見えるジニャーニだけが彼自身ではなく自分を見つめている人びとのように見えます。というのは、彼はすでに真我を身体と同一視する誤りを超えていますから。

質問者　イエス・キリストは病気の人びとを治療しました。それはシッディ（siddhi　超能力）にほかならないのですか。

マハルシ　彼はそのとき、彼が人びとを治療していることに気づいていましたか。彼は彼の力を自覚することはできませんでした。

質問者　イエスはシッダ（siddha　オカルト・パワーをもった達人）でしたか。

マハルシ　彼は彼のシッディを自覚してはいなかったのです。

三位一体の中で、神の子はグルあるいは神の顕現であり、帰依者に、聖霊はいたるところに内在すると説明します。

聖パウロ

パウロが**真我**を**自覚**した後、彼はイルミネーションとキリスト意識を同一視した。イルミネーションは**絶対的**であり、**形**を**連想**させるものではない。キリストの思考は存在した。キリスト意識と真我実現はすべてであり、**両者**は**同一**である。

ブッダ

ブッダは**不当**に**無神論者**であると**非難**された。なぜなら、彼は実体の存在を否定したから。**真我**はすべてのものであり、**同時**に**何**ものでもないというのは**本当**である。あらゆる形をもつものとして、しかし**抽象的**な**真我**、その中から**物質**が生じてくる**虚空**として、それは無である。**物質は相対的な実在、限定された意味での実在である。**というのは**その始原は実在そ**のものであるから。

マハルシの反対尋問

一九三六年、マハルシの主要な弟子であり、アーシュラムの適法な支配人であると主張する一人の男[*]がマハルシを告訴した。有力な帰依者の仲裁によって、マハルシの証言を、法廷ではなくアーシュラムの内部で聴取する特別な取り決めがなされた。以下がブラントンとヴェンカタラミアによって記録された反対尋問の抜粋である。

質問者　あなたは四つのアーシュラマのどれに属しますか。

マハルシ　一般的に知られている四つのものを超えた一つに。

質問者　あなた自身のもの以外に他のものがありますか。

マハルシ　たぶんあります。

質問者　あなたは世俗の生活を放棄しました。しかしここには、あなたの名義の財産があります。なぜですか。

マハルシ　私は財産を求めていません。それは無理に私に押しつけられたものです。私はそれを好きでも嫌いでもありません。

質問者　それはあなたに与えられたのですか。

マハルシ　それはスワミに与えられました。たとえそれが誰であろうとも。しかし、世俗世界では身体がスワミと考えられています。その身体がこれです。その身体はそれ自体を私自身に変えています。

質問者　あなたはウパデーシャ（upadesa　教え）を授けますか。

マハルシ　訪問者たちが質問し、私が知っているように彼らに答えます。私の言葉を彼らが好むように扱うのは、彼らのためです。

質問者　それがウパデーシャですか。

＊訳注　ペルマル・スワミ（Perumal Swami）のこと。

マハルシ　他の人びとがどう取ろうと私に何が言えるでしょう。

質問者　あなたは、誰か弟子をもっていますか。

マハルシ　私は、儀式ばった仕方で、たとえばクンバ（kumbha　聖水を入れておくつぼ）を保有したり、そのためにプージャーを行なったり、人に（マントラを）ささやいたりして、ウパデーシャを授けることはしません。人は自分を私の弟子とか信奉者とか呼ぶかもしれません。私は誰も私の弟子とは考えません。私は誰からもウパデーシャを求めたことはありませんし、誰にも儀式ばったウパデーシャを授けることをしません。もし人びとが自分たちを弟子と呼ぶならば、私はそれに賛成も不賛成もしません。私の考えではすべての人は同等なのです。彼らに何を言うことができますか。

質問者　なぜあなたは、寺院の土地である丘の上に、当局から事前に許可を得ることなくスカンダアーシュラムを建てることを認めたのですか。

マハルシ　私は、私を丘の上に来させ住まわせたと同じ力によって導かれたのです。

質問者　あなたは金銭を放棄しました。アーシュラムがドネーションを受け取っていることはどうなのですか。

マハルシ　この慣習は後の段階になって生じました。少数の同僚が資金を集めるのに私の名を使いはじめたからです。私は彼らの行為を認めもしなければ阻止もしませんでした。そのように進んでいます。私は寄付が受け入れられるべきだと望んでいるわけではありませんが、人びとはその忠告に気づきません。私は効果のない忠告を与えたいとも思いません。それゆえ彼らを阻止することはしません。

質問者　なぜあなたは、あなたの名前をサインしないのですか。

マハルシ　何という名前で知られているのでしょうか。私自身知りません。私がここへ来て以来、人びとは時折数個の名前を私に与えました。しかし『真我実現』の著者はこの質問に彼の答えを与えました。

質問者　あなたは自分で直接に一種類の供物（果物）を受け取り触ります。なぜあなたは、その上にお金もまた受け取ってはならないのですか。

マハルシ　私はお金を食べることはできません。私はそれで何をしたらよいのですか。

質問者　あなたがだれか訪問者の滞在期間について異義を述べたことがありますか。

マハルシ　ありません。もし私が同意しないことがあっても、頓着しないでしょう。それがすべてなのです。

反対尋問の後、マハルシが疲れたかどうかとたずねられたとき、彼は、「私は自分の心を使いませんでした。それだから緊張はありません。彼らに千日間私を調べさせなさい。私は気にすることはありません」と言った。

少したって彼らは続けた。

質問者　それぞれのアーシュラマにとってグルがいます。第四のアーシュラマを超えた段階にとってグルはいますか。

マハルシ　はい、います。

質問者　しかしあなたはそれを認めません。

マハルシ　すべての人にとってグルがいます。私にとってもグルを私は認めます。

質問者　それは誰ですか。

マハルシ　真我です。

質問者　誰にとってですか。

マハルシ　私自身にとってです。グルは内部のあるいは外部のものであるかもしれません。彼は内部にあるいは外部に現われるかもしれません。

質問者　この超越的な段階にある人びとは財産を所有することができますか。

マハルシ　彼らにとって制限はありません。彼らは好きなことをして構いません。スカ(注)は結婚し子供をもうけた、と言われています。

質問者　すると彼はグリハスタ（grihastha　家住者）ですか。

マハルシ　彼は四つの認められたアーシュラマを超えていることは私がすでに述べました。

質問者　しかし、もし彼らが結婚し、財産を持つことができるとすれば、彼らは家住者にすぎません。

マハルシ　それはあなたの見解かもしれません。

（注）　生まれたときからのジニャーニで、十八大プラーナの著者であった賢者ヴィヤーサの息子。

質問者　彼らは自分の財産を他人に譲渡することができますか。

マハルシ　彼らはできるかもしれませんし、あるいはできないかもしれません。それはすべて彼らのプラーラブダに依存します。

質問者　彼らにとって、なにかカルマがありますか。

マハルシ　彼らの行ないは、なんらかの規則や法規によって規制されることはありません。

質問者　訪問者がここに滞在したいと思うとき、彼らはあなたの許可を得ますか。

マハルシ　管理者からの許可は私からの許可です。管理者は私にとってのものです。相互の同意があるところではどこでも、私は干渉しません。訪問者がここへ来て、私が彼らを認めたとき、他のものがあえて私の意向に従おうとするでしょうか。私の同意はそのことを意味します。

付録 Ⅲ

『秘められた道』からの抜粋

抜粋は次のように書かれている。

深い沈黙の中でのみ、われわれは魂の声を聞くことができるだろう。口論はそれを曇らせるだけであり、あまりに多いおしゃべりが、その出現を止める。あなたが魚を捕まえたとき、あなたはそれを分かちあうことができるかもしれないが、あなたが魚を捕ろうと釣っているあいだ話をすると仕事は中断され魚を逃してしまう。もしわれわれがのどの活動をより少なくし、いっそう深い心の活動をより多くして、仕事に従事することができるならば、われわれは言うに値する何か、に到達することができるだろう。しゃべることは付加物であって、義務ではない。あることが人間のもっとも重要な責務である。

訳者あとがき

ラマナ・マハルシはごくわずかの作品しか残さなかったし、その大部分はタミル語の詩（韻文）である。しかし今日では、それらは英語に翻訳され（どれだけ原文を正確に伝えているかはともかく）、英語を読む人びとのあいだでは、ラマナの教えは広く知られるようになった。ところが現在、日本人の英語力は格段に進歩したとはいえ、英文のラマナの書物を読む人はごくわずかではなかろうか。数冊のラマナの作品とラマナに関する書物の邦訳しかもたない日本では、ラマナの教えの理解とその度合が、他の諸国民から大きく水をあけられていることは否めない。

ここに訳出した『不滅の意識——ラマナ・マハルシとの会話（ポール・ブラントン、ムナガラ・ヴェンカタラミア記録）』（原題 "*Conscious Immortality—Conversations with Sri Ramana Maharshi*," 1996, Sri Ramana Asramam. Recorded by Paul Brunton & Munagala Venkataramiah）は、出版者（V・S・ラマナン、シュリー・ラマナアシュラマムの現会長）の覚え書にあるような経緯で、一九九六年に、ラマナ・マハルシのティルヴァンナマライ到着百周年を祝して出版されたものであるが、ラマナの教えを直接に、より正確に伝えている "*Talks*"（シュリー・ラマナ・マハルシとの対話*）のような「権威」を与えられているものではない。その理由は、"*Talks*"のようにラマナの在世中に出版され、ラマナの認可を得たものではないこと、この書物の編集が若干の杜撰《ずさん》さを含んでいるところにあると思われる。しかしこの書物には、"Talks"の記録者であるヴェンカタラミアがかかわっていることもあり、すでに"Talks"に含まれている記述がかなり含まれており、出版者の言うように、マハルシの教えの「包括的な解説ではないし、またマハルシの日々の生活や会話の記録ではない」としても、前述したような日本の現状では、訳者は、この書物が従来出版された日本語のいかなる翻訳書よりも、ラマナの教えの真髄を、より良く、よりわかりやすく読者に伝えることができるのではないかと期待している。

たしかにこの会話集の質問のなかには、近代西欧人（現代の日本人をも含めて）に特徴的な、もっぱら知的好奇心の満足を求めるような質問も含まれているが、これらに対してもマハルシは驚くべき几帳面さで答えている。そして、人びとがすでに真我であるにもかかわらず、それを身体や心と誤って同一視している無知が災いをもたらしていること、したがってこの誤った知識を取り除くことが求められていることを、根気よく繰り返し説いている。この「率直さと明快さ」が、一方でこの書物を読者に親しみやすいものにしていると同時に、他方でマハルシの教えの基調が決して多弁にはなく、逆に沈黙にこそあることを際立たせることになれば幸いである。

翻訳は読者に親しみやすさを与えるよりは、原文を正確に伝えるよう心がけた。原文中にイタリックで表示されているサンスクリット語は、すべてカタカナで表記し、カッコ内に原語とその簡単な意味を巻末の用語解説に即して付加している。簡単に示すことができない若干の場合には（訳注）として、また原文にある注は（注）として、その見開き頁の終わりに示している。読者に理解困難と思われる事項に限り、ごくわずかの訳注を付けたが、解説的な訳注は、読者に誤った予見を与えることになるので一切付けていない。原文中、通常大文字で表記されるもの（たとえば Self 真我、God 神、Atman アートマンなど）以外で、特に意味を限定して用いられているもの（たとえば Him かれ、It それ、Heart ハートなど）は傍点で示してある。

最後に、ラマナ・マハルシの教えへの熱い希求とすぐれた資質によって、通常の編集者の域を超えて、訳者の訳文を逐一チェックしてわかりやすい表現に直し、乱雑な手書き原稿をパソコンに入力してテキスト・ファイルを作るという面倒な作業に取り組んでいただいた生島裕氏、三反久美子氏に心から感謝の言葉を捧げたい。

二〇〇三年十二月七日　　ディーパム祭の日に

訳　者

※出版社注：二〇一二年に弊社より刊行されています。

用語解説

a

アビヤーサ（*abhyāsa*） 修練、実習

アドヴァイタ（*advaita*） 非二元性。真我以外は何も存在せず、すべてのものは真我によって仮定された架空の姿であるとする学説

アハン・ブラフマースミ（*aham Brahmāsmi*）「私はブラフマンである」

アハンカーラ（*ahamkāra*） エゴ

アナハタ（*anahata*） ハートに位置するエネルギー・センター、7つの主要なチャクラの一つ

アンタカラナ（*antahkarana*） 心、想念と感じの所在地

アパーナ（*apāna*） エネルギーの下方への流れ

アパロクシャ（*aparoksha*） 即座の（直観の）、直接の（感覚の媒体を通さない）

アルジュナ（Arjuna） 叙事詩『マハーバーラタ』におけるパンダヴァの4人の兄弟の第3番目、そして『バガヴァッド・ギーター』におけるクリシュナの教えを受け取る人

アーシュラマ（*āshramas*） ヒンドゥ教において伝統的に分類された人生の4つの段階

アシュラ（*asura*） 悪魔

アートマン（Ātman） 真我

アートマカーラ（*ātmakāra*） 真我としてとどまる

アートマ・ヴィチャーラ（*ātma vichāra*） 真我の探求

アーヴァラナ（*āvarana*） 覆い、本当の性質を隠すもの

アヴィディヤー（*avidyā*） 人の真実の性質についての無知

b

バガヴァッド・ギーター（*Bhagavad Gītā*） 字義通りには神の歌。その中でクリシュナとアルジュナとの間の聖なる対語がなされている『マハーバーラタ』の一部であり、ウパニシャッドの精髄を含むヒンドゥ哲学の原典

バクタ（*bhakta*）　帰依者、帰依（信仰）の道に従う人
バクティ（*bhakti*）　帰依
ブラフマチャーリ（*brahmachāri*）　ブラフマチャーリアの生活を送る人
ブラフマチャーリア（*brahmachārya*）　独身・宗教的研さん・自己抑制の生活、ヒンドゥの伝統における第1番目のアーシュラマ。マハルシはブラフマチャーリアとしてブラフマンへの探求だけを考えた
ブラフマン（Brahman）至高の存在、ヒンドゥ教の非人格的絶対者

c

チャクラ（*chakra*）　字義通りには輪あるいは円。ハタ・ヨーガによれば身体の特定点に位置するエネルギー・センター
チンタマニ（*chintamani*）　願いごとを叶える宝石
チット（*chit*）本当の真我の性質である純粋意識。サッチターナンダを見よ
チッタ（*chitta*）その中に過去からの印象が蓄積された心の素質

d

ダクシナームールティ（Dakshināmūrti）　知識を身につけた若干の賢者をその沈黙の力を通じて真我の体験に導くシヴァの一顕現
デーヴァ（*deva*）　神
ダーラナ（*dhārana*）　集中
ディヤーナ（*dhyāna*）　瞑想
ディクシャ（*diksha*）　イニシエーション

g

ギーター（*Gītā*）　バガヴァッド・ギーターを参照
グリハスタ（*grihastha*）　家住者、ヒンドゥの伝統における第2のアーシュラマ

h **ヒランヤガルバ**(*hiranyagarba*) 宇宙卵

i **インドリヤー**(*indriyā*) 一つの感覚器官
イーシュワラ(Īswara) ヒンドゥ教の最高人格

j **ジャダ**(*jada*) 知覚力のない
ジャーグラト(*jāgrat*) 目覚めの状態
ジャパ(*japa*) 心であるいは声を出してマントラを繰り返すこと(修練として)
ジィーヴァ(*jiva*) エゴ、個人の魂あるいは自己自身(個我)
ジィーヴァンムクタ(*jivanmukta*) 生きている間に解脱した人
ジィーヴァンムクティ(*jivanmukti*) 人がまだ生きている間に解脱すること
ジニャーナ(*jnāna*) 真我についての知識
ジニャーニ(*jnāni*) 真我を実現した人

k **カイラース**(Kailash) シヴァの住居として知られるヒマラヤの聖なる山
カルマ(karma) 3つの主要な意味がある。1. 行為の結果として起こる運命 2. 行為の結果。原因と結果の法則 3. 行為。したがってカルマ・ヨーガ、行為のヨーガ
ケーヴァラ(*kevala*) 一つであること
ケーヴァラ・ニルヴィカルパ・サマーディ(*kevala nirvikalpa samādhi*) 努力なく、一時的に真我の中に吸収された状態、その中では感覚は働かず想念は全体としてない。マハルシは通常これをたんにニルヴィカルパ・サマーディと言っている。
クンバカ(*khumbaka*) 完全な吸入あるいは吐き出しの後での時間の間隔あるいは呼吸の保持

コーシャ(*kosha*)　魂を保存するさや。5つのそのようなさやがあると言われている

クリシュナ(Krishna)　ヴィシュヌの第8番目の化身。その教えが『バガヴァッド・ギーター』の中にある

クンダリニ(*kundalini*)　神的な宇宙エネルギー、脊柱の基部の上に休眠して横たわっているとぐろを巻いたへびになぞらえた

l

ラヤ(*laya*)　字義通りには消滅。マハルシはそれを、心が一時的に休止している空白の状態を意味するものとして用いている

ローカ・ヴィチャーラ(*loka vichāra*)　世俗世界の問題への熟慮

m

マハルシ(*Maharshi*)　マハー・リシ。偉大な賢者

マハト・タットヴァ(*mahat tattva*)　エゴとして現われ、身体および宇宙として発展する絶対者の宇宙意識から投影された光

マハートマー(*mahātmā*)　偉大な魂

マントラ(*mantra*)　物質的あるいは霊的利益に導く聖なる音節あるいは決まり文句。ジャパを見よ

マールガ(*mārga*)　道。霊的探求へのアプローチの一つの様式

マーヤ(*māya*)　幻影。それによって世界を明らかにするブラフマンに固有の力

モークシャ(mōksha)　解放、霊的自由

モウナ(*mowna*)　沈黙

モウニ(*mowni*)　沈黙を保ち続ける人

ムクティ(*mukti*)　解脱、モークシャ

n

ナーディ(*nadi*)　それを通じてエネルギーが流れると言わ

n れる微細身におけるチャンネル

ナマスカール（*namaskār*）　あいさつ、敬意を表わしたあいさつのことば

ナンディ（*Nandi*）　聖牛、シヴァの乗り物

ニルヴィカルパ（*nirvikalpa*）　無差別。サハジャとケーヴァラを見よ

p **プラクリティ**（*prakriti*）　本性。物質世界の元の原因、サットヴァ・タマス・ラジャスの3つの質からなっている

プララヤ（*pralaya*）　宇宙の消滅

プラーナ（*prāna*）　呼吸、生命力、エネルギーの上方への流れ

プラーナーヤーマ（prānāyāma）　呼吸の制御。呼吸の調節あるいは一時停止

プラーラブダ（*prārabdha*）　今世で結果をもたらす人の過去のカルマの部分

プラティヤーハーラ（*pratyāhāra*）　感覚と感覚対象から心を引っこめること

プーラカ（*pūraka*）　吸いこむ

r **ラジャス**（*rajas*）　活動性、落ち着かないこと。サットヴァ、タマスとともに性質の中でのすべてのものの3つの質あるいは構成要素の一つ

レーチャカ（*rechaka*）　吐き出す、肺を空にする

リシ（*rishi*）　賢者、予言者

s **サーダク**（*sādhak*）　霊的探求者

サーダナ（*sādhana*）　霊的修練の方法

サードゥ（*sādhu*）　通常、探求の中で家と財産を放棄した人を意味する

サハジャ（*sahaja*）　自然の

サハジャ・ニルヴィカルパ・サマーディ(*sahaja nirvikalpa samādhi*) 人が自分自身と世界との差別を見ることなく、人間の能力を十分に利用したままで、真我の中に自然に永遠に吸収されている状態

サハスラーラ(*sahasrāra*) チャクラの一つ、脳の空胴の中にある千の花弁をもつ水蓮

サマーディ(*samādhi*) 真我への吸収

サムサーラ(*samsāra*) 真我の実現によってのみ断ち切られる生死の果てしない連鎖

サムスカーラ(*samskāras*) 過去から続いている心の印象または傾向

シャンカラ(Śankara) シャンカラアーチャリヤとも呼ばれる。8世紀の宗教改革者で哲学者、アドヴァイタ・ヴェーダーンタの教えを大衆化した第一の人

サンニャース(*sannyās*) 苦行。ヒンドゥの伝統における第4番目のアーシュラマ

サンニャーシン(*sannyāsin*) 苦行者。霊的探求の中で家、財産すべての人間的執着を捨てた人

シャーストラ(Śastras) 聖典

サット(*sat*) 存在、純粋存在

サッチターナンダ(*Satchitānanda*) 存在、意識、至福

サットサン(*satsang*) 賢人または存在すなわち真我との接触

サットヴァ(*sattva*) 純粋性、調和。ラジャス、タマスとともに性質におけるすべてのものの3つの質あるいは構成要素の一つ

サヴィカルパ(*savikalpa*) 字義通りに、差別のある

サヴィカルパ・サマーディ(*savikalpa samādhi*) 不断の努力によって維持されているサマーディの状態

シャクティ(*shakti*) 力。神の力、エネルギーあるいは活動。神的外観は通常一人の神と、女神/妻のエネルギーとして表現される

s

シッダ(*siddha*) 超能力をもつ人。完成された賢者
シッディ(*siddhi*) 超能力
シヴァ(Siva) ヒンドゥ3神の第2の神。彼は破壊と関連させられる
シュローカ(*śloka*) サンスクリットで書かれた作品の節
スプラナ(*sphurana*) 心の閃光。鼓動を打つこと
シュルティ(*śruti*) 天啓聖典
スシュムナ(*sushumna*) それを通じてクンダリニが上がると言われる脊柱の内部に位置している中央のチャンネル
スシュプティ(*sushupti*) 深い夢のない眠り
スワプナ(*swapna*) 夢の状態

t

タマス(*tamas*) 不活発、鈍いこと。サットヴァ、ラジャスとともに性質におけるすべてのものの3つの質または構成要素の一つ
タンマートラ(*tanmātras*) 5つの要素――形、味、におい、音、触れるの微細な基本的性質
タパス(*tapas*) 字義通りには熱。罪の償い、宗教的禁欲生活。マハルシは至高の自覚の中に心を溶けこませることとしてそれに言及した
ティルヴァンナマライ(Tiruvannamalai) 聖なる丘アルナーチャラの麓に位置する南インドの町。マハルシは成年時代、生活のすべてをそこで過ごした
トラータク(*trātak*) 固定された対象をまばたきせずじっと見つめるヨーガの練修
トゥリヤ(*turiya*) 目覚め。夢見、眠りを超えた第4の状態、そこでエゴはブラフマンあるいは意識をもつものになる

u

ウパデーシャ・サーラム(*Upadeśa Sāram*) マハルシによって創られた霊的な教えについての30頌のサンスクリッ

トの詩

ウパデーシャ(*upadeśa*)　グルによって与えられた霊的な教え

ウパーディ(*upādhi*)　外側から強制された限定（時間・空間あるいは対象物のため）

ウパニシャッド(Upanishads)　すべてのヴェーダーンタ哲学が由来するヴェーダのより後期のより哲学的な部分

v

ヴァイラーギャ(*vairāgya*)　冷静、世俗的欲望のないこと

ヴァーサナ(*vāsanas*)　条件づけに基づく生来の傾向と気質

ヴェーダーンタ(Vedānta)　ウパニシャッドに基づく形而上学的哲学

ヴェーダーンティン(*vedāntin*)　ヴェーダーンタ哲学に従う人

ヴィチャーラ(*vichāra*)　探求

ヴィジニャーナ・コーシャ(*vijnāna kosha*)　微細身の知性が構成する部分のさや

ヴィシュヌ(Vishnu)　ヒンドゥ3神の第3の神。彼は維持に関連させられる

ヴィヴェーカ(*viveka*)　識別する能力

ヴィヴェーカチューダーマニ(*Vivekachūdāmani*)　シャンカラによるヴェーダーンタ哲学のサンスクリット語のテキスト、マハルシが帰依者のためにタミル語に要約した。彼はまたそのための序文を作った

ヴィヨーガ(*viyoga*)　分離

y

ヨーガ・ヴァーシシタ(*Yoga Vāsishta*)　ヴァールミーキの著作に帰せられるアドヴァイタのテキスト、その中で賢者ヴァーシシタがラーマに霊的な助言を与える

【記　録】

ポール・ブラントン Paul Brunton
1898年、ロンドンに生まれる。英国の哲学者、神秘主義者、旅行家。ジャーナリストとして出発したが、霊的な探究の道を志し、生涯をそれに捧げた。著作は数多いが、中でも『秘められたインド』（日本ヴェーダーンタ協会）で、マハルシをはじめ知られざるインドのヨーギたちを世に紹介した功績は大きい。1981年没。

ムナガラ・ヴェンカタラミア Munagala Venkataramiah
1933年以後、生涯にわたってマハルシに仕えた。1935－39年のあいだのマハルシと来訪者との会話を記録した“*Talks with Sri Ramana Maharshi*”の編纂者として名高い。

【訳　者】

柳田　侃（やなぎだ　ただし）
1927年、大阪府に生まれる。1952年、東京大学法学部卒業。経済学博士。甲南大学名誉教授。日本ラマナ協会会長。訳書に『ラマナ・マハルシの言葉』（東方出版）、『沈黙の聖者――ラマナ・マハリシ その生涯と教え』（出帆新社）などがある。2004年8月没。

［ラマナ・マハルシ関連の組織］
南インドにあるラマナ・アシュラマムを中心に、インド国内また諸外国の各地にラマナのデヴォーティの組織がある。たとえば、デリーには Ramana Kendra、ロンドンには Ramana Foundation、ニューヨークには Arunachala Ashrama など。日本においては、日本ラマナ協会（Nippon Ramana Kendra, Japan）があり、ニューズレターを年４回発行している。

不滅の意識

ラマナ・マハルシとの会話

●

2004年8月31日　初版発行
2022年9月1日　第6刷発行

記録／ポール・ブラントン、ムナガラ・ヴェンカタラミア
訳者／柳田 侃
編集／生島 裕、三反久美子
装幀・本文デザイン／中村吉則
協力（進行・DTP）／小川敦子

発行者／今井博揮
発行所／株式会社 ナチュラルスピリット
〒101-0051 東京都千代田区神田神保町3-2 高橋ビル2階
TEL 03-6450-5938 FAX 03-6450-5978
info@naturalspirit.co.jp
https://www.naturalspirit.co.jp/

印刷所／シナノ印刷株式会社

©2004 Printed in Japan
ISBN 978-4-931449-46-6 C0010
落丁・乱丁の場合はお取り替えいたします。
定価はカバーに表示してあります。

●新しい時代の意識をひらく、ナチュラルスピリットの本

ラマナ・マハルシとの対話
［全3巻］
ムナガーラ・ヴェンカタラーマイア 記録
福間巖 訳
『トークス』遂に完訳なる！（全3巻）シュリー・ラマナ・マハルシの古弟子によって記録された、アーシュラマムでの日々。
定価 本体［第1巻 三〇〇〇円／第2巻 二五〇〇円／第3巻 二六〇〇円］＋税

あるがままに
ラマナ・マハルシの教え
デーヴィッド・ゴッドマン 編
福間巖 訳
真我そのものであり続けたマハルシの教えの真髄。悟りとは——生涯をかけて体現したマハルシの言葉が、時代を超えて、深い意識の気づきへと誘う。
定価 本体二八〇〇円＋税

ラマナ・マハルシの伝記
賢者の軌跡
アーサー・オズボーン 著
福間巖 訳
16歳で悟りを得たのち、生涯を聖山アルナーチャラで送った20世紀の偉大な覚者、ラマナ・マハルシの人生をつづった伝記。
定価 本体二五〇〇円＋税

静寂の瞬間
ラマナ・マハルシとともに
バーラティ・ミルチャンダニ 編
山尾三省、福間巖 訳
ラマナ・マハルシ生誕百二十五周年記念写真集。その賢者の姿から放たれる神聖な輝きを今に蘇らせています。
定価 本体一五〇〇円＋税

アルナーチャラ・ラマナ
愛と明け渡し
福間巖 編
日本人の企画・編集で作られたラマナ・マハルシのアルナーチャラの写真集。前半モノクロで、後半カラーの美しい写真集です。
定価 本体二二〇〇円＋税

覚醒の炎
プンジャジの教え
デーヴィッド・ゴッドマン 編
福間巖 訳
ラマナ・マハルシの直弟子で「パパジ」の名で知られるプンジャジの対話録。その臨在と教えが探求者に覚醒をもたらす。
定価 本体二七八〇円＋税

アイ・アム・ザット 私は在る
ニサルガダッタ・マハラジとの対話
M・フリードマン 英訳
S・ディクシット 編
福間巖 訳
覚醒の巨星！ マハルシの「私は誰か？」に対する究極の答えがここにある——現代随一の聖典と絶賛され、読み継がれてきた対話録本邦初訳！
定価 本体三八〇〇円＋税

お近くの書店、インターネット書店、および小社でお求めになれます。